靈魂之旅

The Other Side and Back

一位靈媒眼中的靈界與塵世

天使 指導靈 心靈能力 夢 細胞記憶 前世 靈魂伴侶 成功 人生藍圖
同步經驗 奇蹟 生命主題 協同能量

我們每一個人都帶著自己設計的藍圖來到人間
所謂的因緣際會其實是我們在「另一邊」事先的安排
人生路上的悲喜哀樂
說穿了
都是自己的選擇

Sylvia Browne , Lindsay Harrison◆合著 法藍西斯・張◆譯

人本自然

Wisdom 003

靈魂之旅 The Other Side and Back

一位靈媒眼中的靈界與塵世

作　　者／蘇菲亞・布朗（Sylvia Browne）、琳賽・哈理遜（Lindsay Harrison）

譯　　者／法蘭西斯・張

出 版 者／人本自然文化事業有限公司

文字編輯／張志華

責任編輯／鄭欣、洪嘉嘉

美術編輯／王璽雅、陳敏蕙

封面設計／黃聖文設計工作室

電　　話／(02)2218-2708　傳　　真／(02)8667-2806

製　　版／菘展企業有限公司

總 經 銷／彙通文流社有限公司

23141 台北縣新店市民權路108號10樓之一（A棟）

電話／(02)2218-2982　傳真／(02)8667-6045

劃撥帳號／19650094 彙通文流社有限公司

讀者意見信箱／service@touchbooks.com.tw

訂書信箱／sdn@touchbooks.com.tw

香港經銷商／〔時代文化有限公司〕九龍旺角塘尾道64號龍駒企業大廈3樓C1室

〔一代匯集〕九龍旺角塘尾道64號龍駒企業大廈10樓B&D室

〔香港聯合零售有限公司〕新界大埔汀麗路36號中華商務印刷大廈

2002年6月　初版一刷　〔版權所有，翻印必究〕

2010年1月　二版五刷　◎本書若有缺頁、破損、裝訂錯誤，請寄回本公司調換。

國家圖書館出版品預行編目資料

靈魂之旅／蘇菲亞・布朗／琳賽・哈理遜　合著；法蘭西斯・張　譯.

--初版. -臺北縣：人本自然2002【民91】　面；公分

ISBN 957-470-430-0

1. 心靈學　2. 靈魂學

175.9　　91008123

靈魂之旅

一位靈媒眼中的靈界與塵世

02 每日的神奇和奇蹟：發現和創造你生命中的喜悅

03 你的個人生活：由靈媒的眼中看家庭與情感關係

CONTENTS 目錄

07 黑暗界：如何保護自己免於身邊邪惡的侵擾

CONTENTS | 目錄

08 我們所懼怕的十件事：為什麼我們不該害怕

譯者的話

給我親愛的家人，與讀者

一般而言，只有作者寫感謝詞的慣例
好像還沒有譯者寫謝詞的先例
然而，如果可以
我希望藉本書的一角，表達我對我親愛家人的感謝
如果沒有他們的支持和體諒
我便不可能如此隨心所欲、毫無後顧之憂的「任性」而為
去做我想做、喜歡做的事
包括翻譯這本書

一直以來，我就對神祕學有很大的興趣
記得當時這類書還是歸在玄學的類別
後來有了 new age 的名詞
很多這方面的書開始整合在新時代的名詞下
這類書，絕不是像某些人所認為的怪力亂神
它們是以入世的方式討論心靈的科學
這些神祕學和所謂新時代書籍的內容涉及的領域
包括了心理學、社會學、宗教、哲學、物理、超自然現象、超心理學、神話
當然，還有星象天文、古文明等等……
它內涵的豐富多元，正好滿足了我對宇宙的好奇心
最重要的，它呼應了我內心的既有真理

由於民族天性的保守和壓抑，加上後天教育的不鼓勵
中國人向來不太將「愛」說出口

也不輕易表達心裡的情感與感激
尤其對家人、身邊親近的人
經過九一一，我深刻感受到人世間的無常（相信許多人也是）
「人生無常」，多簡單的四個字
卻要用這麼多無辜的生命　來真切體悟它的意義
然而，受限於人性本有的惰性、健忘、因循苟且
心裡想到的溫暖的念頭，總不見得真會去說、會去實踐
但是，我真的不希望再用任何的災難來提醒自己
活在當下，把握當下的重要與價值
因此，藉由本書翻譯的完成
在此表達我對家人的愛和感謝
謝謝我的父母、我親愛的手足 Victoria, William and Chris
一直以來，對我的包容與厚愛
因為他們的愛和支持，我才能扮演這本書的橋樑

沒有他們的愛和支持，就不會有此刻付梓的文字
我真心的說出我的感激
當我們還同在一個次元時……

法藍西斯 2002.2

給讀者

對於讀者
我之所以引介這本書
因為它沒有艱澀難懂的道理，可以輕鬆閱讀
其中的某些觀念，可能和所謂正統的宗教觀有些差異
但正好提供給我們一個思考的空間
書中也有作者的生活經驗與智慧

希望讀者可從中得到些心靈撫慰和面對現世苦楚的勇氣
其實，說靈修太沉重
不要被外在虛無縹緲的玄祕言詞蠱惑了
生命的智慧，真的沒有那麼高不可攀
它不需外求，它一直在你的內心
等待你拂去塵埃，重新展現光芒

神聖也不是任何人的專利
每個人都可以，也已經擁有
沒有人可以剝奪你的神性或佛性

願這本書
為你開啟一扇心靈視窗
將光，引進你的生命

作者的話

這是一本關於你的書。

關於你的神賜力量，如何與這力量連結，如何善用它。

——關於你每天可以做的幾件簡單的事，讓你的生命因而改觀，你關愛的人的生活也因此變得更好。

這是一本關於你和你的指導靈及天使的接觸，你和已逝摯愛親友團聚的書。

——關於你，和你的前世，以及你如何與你靈魂的永恆面相遇。

這是關於你的健康、你的情感關係、你的家庭、你的小孩、你在人間的目的、以及種種困擾你內心平靜的人類問題的書。

這是關於生命的奇蹟和神奇，以及來自「另一邊」永遠的支持，只等待你學習去認出它們。

這本書讓你再也不感覺寂寞、無助，再也不會感覺沒有價值。
——這是一本關於你再也不會害怕死亡……或害怕活著的書。

我的名字是蘇菲亞布朗。我的好友蒙太爾威廉斯（Montel Williams）在他的電視節目上總是這麼介紹我：「世界知名的靈媒——蘇菲亞布朗」。我過去四十七年的生活，從每天為二十位客戶算命到座談會演講，參加電台和電視節目，調查鬼屋真相，幫助警方辦案，研究超自然現象，和全國上百位醫學和心理學醫生合作，到創辦自己的教堂，出版了暢銷的自傳，這一切一切，都有我那名為法藍欣的指導靈在我耳邊協助。

說起來有點奇怪，這是一本關於你的書，但我卻一直在說我自己。這讓我想起一句經典的自戀者的台詞：「好了，不談我了……那你覺得我怎麼樣？」但我想這就是為什麼大家稱此為「自我介紹」吧。

我在一九三六年出生於密蘇里州堪塞斯市。我非常鍾愛我的父親，比爾修麥克。但對於我母親賽樂絲堤修麥克，我只能婉轉的說，她並沒有在我的生命中帶來任何歡笑。然而她的母親，卻又是我最特別最摯愛的祖母艾達蔻尤，她的通靈能力可一路回溯至三百年前的家族遺傳。

感謝上帝，感謝遺傳和我的藍圖——在我們來到人間之前，我們在「另一邊」所撰寫的人生命盤——讓我生來就是具有通靈能力的靈媒。我甚至生下來時頭上就有一圈網膜，我的頭被所謂的胎膜纏繞，這是代表初生嬰兒被賦予通靈能力的古老象徵。

坦白說，具有通靈力這件事，在我童年時期，感覺起來反像是個負擔而不是恩賜的天賦。舉例來說吧，在一次家族聚餐的晚上，我看到我的曾祖父和曾祖母兩個人的臉在我眼前溶解，這絕不是賞心悅目的畫面，相信我。兩個星期之內他們兩人過世了。在祖母艾達耐心的向我解釋我的幻象是出於我的通靈天賦之前，我總覺得是我害死了他們。之後，有次在我父親急忙奔回家告訴我們祖父過世的消息之前，我就已經先向其他家人預告了祖父的死亡；三歲時，我跟父母說，我六歲的時候會有一個小妹妹；（沒有一個靈媒是百分之百準確——我妹妹莎朗提早一個月出生，就在我六足歲生日前。）我可以清楚的看到從另一個次元來訪的靈魂，清晰程度就跟房裡其他活人沒兩樣，我原以為每個人也都看得見他們，直到祖母告訴我，我和她生來就和別人不同；在有人敲門前我就會走到門口，並且知道是誰站在門外。有天下午，我和我父親一起看電影，放映途中我瘋狂的把他拖出來，並喊叫：「快點！莎朗不能呼吸了！」當我們趕回到家時，發現她因為兩側肺炎突然陷入昏迷……這樣的例子我可以一直舉下去……

當我開始對那些旁人看不到的靈體好奇，開始談到他們時，我大概五歲。那一次我的家人在客廳悲傷且若有所失的談論著過世的親戚，我看到有個男人的形體在祖母艾達身後慢慢成形，輪廓愈來愈明顯，直到跟祖母一樣清楚。我問祖母那個人是誰，她要我描述。

「他很高，有一頭棕紅色的頭髮，戴著一副小的線圈眼鏡，在他脖子上掛著一個聽人胸部的角狀物。」

祖母笑了，很高興聽到吉姆叔叔從「另一邊」來打招呼。吉姆叔叔因為被他的病人傳染病毒，在一九一七年死於流行性感冒。

祖母對我的天賦總是用愛和理解來支持，因為她自己也曾經歷這些。父親的反應是又驚異又驕傲，母親對此事的反應則是受夠了！她不需要家裡再多一個通靈者讓她頭痛。說來「巧合」，她因此發展出偏頭痛的習慣，也沉溺在泡泡浴中。

或許發生在我童年時期和靈媒生涯中最重大，最具代表性的事件是在我八歲那年，某個晚上，已到了規定要睡覺的時間，我其實還在房裡玩著手電筒。突然間，手電筒的光開始擴散，直到整間臥房都充滿了光芒。從溫暖的光中走出一位高大，看起來沉著安詳，帶著微笑的深髮色女子，她鎮靜的說：「不要害怕，蘇菲亞，我來自上帝。」是啊！我立刻以刷新紀錄的速度飛奔離開房間，一路大聲尖叫來到樓下，緊緊抱住正在清洗蔬菜的祖母。我驚慌得幾乎說不出話來，當我終於告訴她發生的事，「噢！」她懶洋洋，若無其事的打了個哈欠回答：「那是妳的指導靈。她是來幫助妳的。來！幫我把紅蘿蔔拿起來！」

我的指導靈名叫艾依那，是阿茲特克——印加女性，西元一五〇〇年早期死於她哥倫比亞的家鄉。我對她的態度很快的從起初的害怕轉變成「頤指氣使」。我告訴她，我要將她的名字改成法藍欣，她一點也不在意，直到今天，她仍然是我常相左右的夥伴、朋友、諮詢者、老師、知己和保護者……就某程度而言。法藍欣知道在人類心靈進展的過程中，錯誤和艱困在所難免也是必須的，因此她讓我對人生煎熬有充份的親身體驗。身為指導靈，她非常的稱職。但如果是希望她為我遮風擋雨，做為我隔離生活苦痛的盾牌，這方面我只會給她六十分。

跟所有的指導靈一樣，法藍欣打從一開始，對我人生目標的視野就比我自己還清楚。當我十歲大時，有天晚上我看到古典希臘悲喜劇的面具（一個笑臉和哭臉），浮現在臥房的牆面上。在我還沒發問前，法藍欣用她向來簡明的語氣說：「蘇菲亞，這就是妳的人生。」她同時告訴我，有朝一日我會是個聞名的靈媒，幫助許多人並對成群的觀眾說話。這些當然都成真了——悲與喜的面具意義——包括我因為每天工作接觸到的令人心碎的悲劇，以及我堅信幽默感對我們的生活就跟靈性一樣必要的信念。

在本書中我會一直強調兩件事實，因為它們非常重要：世上沒有一個靈媒，包括我，是百分之百的準確。也沒有一個通靈者，包括我，可以完全知悉自己的命運。上帝慷慨的給了我們一個禮物，並不是要我們暗槓，或浪費在樂透彩券號碼和超級盃美式足球賽的押注，為自己贏取利益，而是要將它慷慨的施予，幫助每個人。就像孩子，不是我們的財產，我們也並不擁有他們。心靈力禮物被交付給我們，是因為信任我們會細心看顧、培養，將它善用在正面與關愛的用途——如果我們濫用這項天賦，我們活該失去它。

我的家庭在宗教類別上算是個小鎔爐。我從小在天主教、猶太教、聖公會主教派和路德教派薰陶下成長，尤其受天主教義的影響最深。我曾經有段時間想要作個修女，但我很難不想到自己的模樣就發笑，所以我退而求其次，在天主教學校當了十八年的老師。

法藍欣一直在我耳邊嘮叨，再加上我的通靈能力愈來愈「熾熱」，我終於確定身為靈媒和熱情的靈性追求者，是我無法從生命中排除的兩個面向。我有能力，也必須，朝這方向奉獻此生。

我開始為人算命，很快也很明顯的，我可以幫助人們改變他們的生活甚至救人一命，我不是在自誇。但所有的資料都是「透過」我，並非「來自」於我。所以我可以居功的部分只是我擁有這項天賦，而且願意大聲說出藉由我傳遞的訊息。

我開始和一群友人分享我所知道的事，然後朋友的朋友。從客廳裡的十五、二十個人擴大到教堂和社區中心的兩、三百人。發展到後來，我成了電視和電台節目的常客，兩、三千人聽眾的演說場合座無虛席。

我對通靈力和靈性了解得愈多，愈發現有更多寶藏值得探索。我開始熱切研究神學和比較宗教學，我讀了所有二十六種聖經版本及許多重要的宗教經典，從可蘭經到猶太法典，從佛學到埃及的死書，我都研讀過。一九七四年我設立了涅盤心靈研究基金會（現在是蘇菲亞布朗法人團體），一個專業研究探討超自然現象的非營利組織。我也取得了專業催眠師的執照和教學資格——並不是為了看我能將多少人「變」成雞或芭蕾女伶，好讓他們在哄堂大笑的觀眾前出糗。我之所以學習催眠是為了進入並與潛意識聯繫，探索存在於每個人深層意識內的寶貴心靈知識。

感謝上帝，透過口碑，我的聲譽隨著客戶人數的增長傳送到世界各地。我開始接到來自警界和醫界的電話，希望我提供諮詢和協助的問題包羅萬象，從偵破不了的謀殺案和失蹤人口，到傳統醫療無法解決的心理學和病理學上的病症。我是既榮幸又驕傲的參與。對這方面，我從來沒收過一毛錢，以後也不會。當有一天我開始為幫助尋找失蹤兒童，或追查謀殺犯，或指引醫生診斷病症，或為有生命威脅的醫學、心理上的病症提供療方而收費的那天起，我想我的通靈天賦就會被收回，也理應如此。

在生命的進程中，我不順遂的個人生活讓我保持謙卑，也讓我肯定神賜予我的通靈天賦並不適用在我個人。我有過三或四次婚姻，要看你覺得我十六歲那次不顧家人反對的算不算，當年我父親迅速明智的廢止並宣告無效，這個婚姻在法律上只有效了一星期。但是人生沒有所謂的錯誤——感謝這些「學習經驗」，因緣際會的，我在一九六四年搬到加州，有了兩個兒子和三個可愛的孫子女。

我向來相信，沒有行動力的靈性認知，只是流於浮誇的言辭。我也日漸體認到，我們在人生中最重要的關係便是和存在於內心的神性接軌，因此我在一九八六年創設了新心靈協會（the Society of Novus Spiritus）（New Spirit）。它沒有教派類別，成立的理念是基於基督諾斯底派（Christian Gnostic）（譯註：靈知的，或稱唯智派）的神學思想並混合其他許多宗教觀念。我們目前有近六十位代理人（類同牧師的角色）和數千位成員。我們尊崇的是創造每個人的慈愛和藹的神，我們拒絕接受一些嚴厲殘忍的概念像是（原）罪、罪惡感、懲罰。我們是很活躍的靈性團體，我們的祈禱鍊有數十萬人每天為人助禱；我們幫助遊民和年老弱勢者，只要資源可以維持，我們盡可能協助任何人道上的需要。我們的門為每個人打開，我們永遠張開雙臂，用心迎接認同我們理念的人，但我一直以來非常堅守不招募成員的原則。所以如果你對「新心靈」有興趣，你可以打電話到辦公室詢問，號碼在本書的後面。我們會非常開心的歡迎你，但絕不會大力鼓吹、宣傳、強迫推銷、突然在你家門前出現，或硬是要把你從街上拖來。

一路走來，我深感我在演說和算命時，與客戶和朋友們分享的資訊與心得仍不足以回報他們，我希望有一本他們可以帶回家的書，當我不在身邊時能幫助解答他們心中的困惑。最重要的，是在他們遭遇挫折和沮喪時能給予安慰。我覺得這樣一本書應該是實用的初階書，並不只是解釋基本的生命、死亡和我透過心靈的眼睛看到的「另一邊」，而是實際的給些簡單的，可以應用的指導。所以有天在晚餐時，我對朋友琳賽哈理遜（Lindsay Harrison）——一位電影編劇，提議「我們一起來寫一本書吧。」她說：「我從來沒寫過書，我想妳應該找別的人。」我說：「我認為妳寫書的時間到了，別忘了，我是個靈媒，所以不用多說，點頭就是了。」她點點頭，沒再多說半個字。

於是，產生了這本我一直期望撰寫的指導書，基於我六十二年的此次人生經驗。

我知道上帝存在。祂創造了我們。祂對我們的愛是永恆，無條件的。祂就跟我們的父母、祖父母和祖先一樣，屬於我們家族的一部分。

我知道「另一邊」的存在，也知道居住在那裡的靈魂和居住在人世的我們一樣真實，唯一區分這裡和那裡的，只是能量震動的頻率。

我知道沒有死亡這回事，因為我們的靈魂一直，也將會永遠活著。我們就跟創造我們的神一樣的永恆。

我知道我們離開「另一邊」的家來到人間許多次，為了體驗，為了學習克服負面情境，也為了靈性的完美。我們每次來到地球前，就先選擇了我們是誰，和這次要扮演的角色。我們甚至寫了自己的藍圖或命盤，上面明確的記載著我們離開天上的家希望在這短暫的一世完成的事項。

我知道指導靈、天使、已往生的親友、摯愛和上帝，都經常圍繞在我們身邊；我們可以從現在開始學習和他們連線。

最後，我知道，如果書中有任何一件事幫助了你的生活有更多的愛、喜悅、希望和安寧，對我，就是榮耀，也是上帝對我禱告的回應。

發自內心，上帝保佑你。

01

來自另一個世界的幫助：我們的天使和指導靈

幾乎地球上的每一種宗教都相信靈魂不朽；靈魂超越肉體的死亡繼續存在。但是，如果你告訴別人，你能與靈魂溝通，大家都會認為你瘋了。這麼說來，靈魂存在，可是我們卻不能與他們溝通？我覺得這才叫瘋狂。我們當然可以和靈魂溝通，而且一直如此，不論我們是否有意識的察覺到。

事實是，我們從不孤單。在我們生命中的每一刻，我們都被來自另一個世界的「支持團體」所圍繞。我們對自己的認識和愛都比不上他們對我們的了解和愛來得深。

我知道，如果你能清楚的看見和聽見一直支持你的靈體，就像你每天看見周圍的人一樣的真實，你就會比較容易相信我說的。不妨這麼想吧！當你每天跨出家門，離開家人去上班時，你是否曾經因為工作的時候見不到他們，而停止相信你的家和家人存在的真實性？直到他們又出現在你眼前為止？當然不會！不管你一天的工作多忙碌傷神或有趣刺激，你心裡都不會有片刻質疑他們是否真的存在過，或是懷疑下了班你的家就不在了。

你的日常生活和靈魂生命有異曲同工之妙。在靈魂的層面上，你的心和靈可以為你確定，在「另一邊」（靈魂世界）的永恆的家和家人也是真實存在的。你離開了你的家——「另一邊」——和你的靈魂家庭，來進行現在的「工作」。這趟辛苦的野外露營之旅，這個艱困的工作，就叫做生命。（老實說，我很訝異我們出生時並沒有提著便當盒下凡）。當你的工作／生命結束時，你會發現同樣的家和家人就在你當初離開的地方愉快的等候你，這是一種既安全又熟悉的感覺，你不禁會懷疑，究竟當初是誰給了你這個「聰明」的主意，讓你「離鄉背井」。如果你和我一樣，在生命歷程中不論身處何方，都有些莫名的思鄉感覺，那正是因為我們的靈魂記得，也思慕著我們的真正來處。

當你讀這本書時，包括現在這一刻，你可能會發現你自己邊看邊想著「她怎麼會知道這些？」為避免一再重複答案，也為了不浪費你寶貴的時間在臆測上，讓我先在此說明，也讓你安心，你的寶貴時間不是浪費在我無稽的猜測上：在我過去四十七年生命中的每一天，我一直和「另一邊」有直接的接觸，不只是透過我的指導靈法藍欣，也包括了在我為顧客算命時顯現的靈體。尤其是我的指導靈法藍欣，她提供了我大量的資料，但這些資料我從不盲目接受。相反的，在我四十七年的靈媒生涯中，我耗盡心思，做了許多研究和調查，也累積了許多寶貴經驗，這些在我的辦公室都有檔案及文件可循。我做這一切調查，不僅因為我是個懷疑論者，也因為我來自密蘇里州，所謂的「眼見為憑」州，凡事都要求證據。因此，出現在本書的所有內容，沒有一件不是經過質疑、探究、測試、再測試、研究和親身驗證過的。

另一邊——靈魂世界

「另一邊」（the other side）是我們的靈魂在進入母體的子宮等待出生前停留及死後

所到之處。它是天堂、是樂園，它的美麗遠遠超過我們世俗的心智所能想像。人們通常將它想為「遙遠的某處」，在雲端之上，飛越日月星辰，一個幻想中的樂土。這是可以理解的，因為「遙遠的某處」原本就是我們對「另一邊」無邊無際與充滿神祕的想像。

然而，事實比我們的想像還來得奇妙與撫慰人心，因為「另一邊」並不遠，它就在我們之間，一個「浮貼」於我們這個世界之上的另一個次元，它存在於我們所謂的「地面水平」的上方，大約三呎高的地方。靈界的震動頻率遠高過人類，這是為什麼我們無法感知它的緣故。舉個簡單的比喻，想想狗哨聲，牠的頻率之高，對一般人類的耳朵，反像是一片寂靜，然而其他的動物卻聽得相當清楚。（事實上，有部分的通靈天賦就是上帝所賜予的接收廣闊震動頻率的能力，這是為什麼身為靈媒的我們能比一般人和靈界溝通的緣故。）

凡見過靈體的人都一致描述他們「飄浮在地面上」。有個理由可以說明這個現象——他們確實是飄浮的，飄浮在我們人類的地平面之上，因為那正是「另一邊」的地面。我們雖與他們共享同一個空間，但在他們的世界裡，我們反而比較像是鬼魂，因為相形之下，所有在「另一邊」的靈體都非常的生意盎然。

通常，法藍欣會提供我許多關於「另一邊」的資料，我經過嚴密謹慎的研究查證後再加以確認。這些研究包括了回溯催眠，我會在後面的章節中詳細說明。但我之所以發現「另一邊」的確實地點，卻不是由法藍欣主動告知，程序正好相反。十幾年前，我引導我的客戶安妮進行前世催眠，正進展到她前世死亡時的情景。她描述她躺在一間又小又簡陋，有煤氣燈照明的房間，她的家人都圍聚在她床邊道別。出乎她的意料之外，也出乎我的想像，當那傳說中神奇的隧道出現，引領她的靈魂到「另一邊」時，她的靈魂並不是直接由她的肉體上升到天花板或天空，而是朝著南邊穿越房間，高度僅略高於她剛離開的人間俗界。

一個客人接著一個客人又接著一個客人，不在我的引導或指示之下，在錄音帶上都描述了同樣的經驗：或是隧道，或是一座橋，帶領他們「穿越」而不是「上升」到另一個空間層面。有一晚，我終於忍不住問法藍欣，這件事對她是不是很新奇，因為「『另一邊』」居然就在這裡。」

她回答：「它當然在這裡。」

我有些不耐的質疑，為什麼她從沒告訴我。她用她向來，但偶爾令人惱怒的邏輯，平靜的說：「妳從來沒問過。」

在稍後的章節，你會讀到關於我個人的瀕臨死亡經驗。我也因此可以親身證實，就像安妮和我其他許多客戶的經驗，我看見隧道從我身體升起，帶我平行穿越，而不是上升到充滿白色光芒的「家」。

我們和另一邊的靈體雖然本質相同，都是能量聚集的靈魂，但因為活動次元的不同，有一些基本且明顯的差異。在地球上的我們受到惱人的時空定律的限制，這些定律創造出像「遲到」、「擁擠」、「塞車」和「壓力」等字彙。「另一邊」的居民則是充滿喜悅的生活，完全不受到這些限制，相反的，他們享受無限和永恆的宇宙定律。我們在地球的一生就像「另一邊」一眨眼的長度。居住在「另一邊」的存有，並沒有擁擠的概念，因為一座電梯可輕易容納數百個他們，他們甚至不需吸氣縮小腹來挪出空間。

接下來這點就更有趣了，大家大概會很期待。在「另一邊」，所有的靈魂都是30歲。（是的，這包括我們，不論我們抵達另一世界時是2歲大還是92歲高齡）當我的指導靈法藍欣，我「另一邊」的諮詢專家，第一次告訴我時，我問她：「為什麼是30歲？」她回答：「為什麼不？」這就是那次談話的結束。但我猜想大多數的人都會選擇30歲，因為這是一個理想的階段——我們對身體狀況感到滿意的年齡。

當另一個世界的靈魂來拜訪我們時，會設定成他們在人間時的容貌，以方便我們認出他們，但在「另一邊」的日常生活裡，他們除了是30歲外，也可以自由選擇外觀上的特徵，從身高、體重到頭髮顏色。

有件事我需要先釐清。為了描述「另一邊」和我們這裡的不同，我使用的是「我們」及「他們」。但請明瞭，我們曾經是他們，很多很多次，而且當我們這生結束時，我們也將成為他們。在地球的我們和在「另一邊」的他們都是整體的一部分，都是上帝完美創造的一部分。我們僅是被我們所稱的「死亡」——自然的轉換——所阻隔。這個轉換或過渡，其實是我們永恆的靈魂回家所必經的喜悅之路。

我們真正的家，比起許多神話和藝術創作所描繪的無邊無盡的雲海和藍天，要複雜與神奇宏偉得多。「另一邊」有令人屏息的綿延不斷的高山和海洋，廣闊的花園和森林；在地球所見的各種自然界美景，在那裡是數百數千倍的美不勝收。各式各樣宏偉的設計和建築——古希臘和羅馬的廟宇、音樂廳、庭園、體育館、公眾聚集的廣場——還有依個人偏好設計的住家，從維多利亞式的宅院到隔鄰的簡單小木屋，應有盡有。

各式各樣的動物——上帝傑出的創造，在「另一邊」也同樣存在。（老實說，如果沒有牠們，「另一邊」對我的吸引就沒那麼大了）所有地球有的動物種類，都同樣生活在「另一邊」。在那裡，牠們因純潔無邪被珍視並受到尊重，不怕被人類侵略傷害。

如果你知道在「另一邊」的存有並不是無所事事，整天躺著彈豎琴時，你大概會和我一樣鬆了一口氣。每隔一陣子彈個五到十分鐘的豎琴或者很愜意，但「永恆」無止盡的彈下去？這是很嚇人的！事實上，「另一邊」居民的生活非常有趣和活躍，將他們稱為「死人」其實很可笑；比較起來，我們才像「死人」。他們在那裡依照個人喜好選擇讀書、工作、作研究——我必須補充，都是非常喜樂自在的。他們享有精彩的社交生活，音樂、宴會、舞蹈、運動、時裝秀和演說，任何選擇喜好都有。所有人間有的藝術、工藝、消遣嗜好和戶外活動，在那裡也一應俱全，而且是以最愉悅、極致的程度表現。在那裡沒有「無聊」、「寂寞」和「沉悶」等字彙。

有件特別有趣的事：「另一邊」的存有也一樣從事創作。從各式的發明到醫藥、偉大的藝術、音樂、哲學和科學上的突破，然後透過微妙的心靈感應將創作傳送給地球上具有技巧、工具、管道和熱心的人類，透過他們將發明和創見成為現實。如果你曾經覺得奇怪，為什麼重大的人道主義巨潮好似同時在地球不同的角落出現，現在你知道了——「另一邊」希望確保他們最佳的貢獻能在地球上得到最大、最廣泛的注意。這一點並不影響人間的傑出人士對重大發明或突破的功勞。因為「另一邊」的存有需要這些有天賦、有意願，又具有誠心的人在世間執行、實現他們的工作，就好像我們人類需要靈界神聖的啟發一樣。

心靈感應是靈界的存有間最普遍的溝通方式，但口語溝通也很容易，因為每一種的語言都被使用，也被了解。在「另一邊」最慣用的語言是古代敘利亞的亞拉姆語（Aramaic），也是耶穌與他的門徒所使用的方言。但是我們並不需要因此就開始猛K亞拉姆語，因為就像每個在「另一邊」的存有，當我們抵達那裡時，我們就會有所有知識的管道，包括所有前世與我們每一世認識的人的記憶，這些都被永恆的保存在壯麗的圓頂記錄大廳裡。在「另一邊」巨大的資料庫裡，包括了神聖的「阿卡西克紀錄」（Askashic records），法藍欣將之定義為「上帝記憶的文字描述」。在「另一邊」的所有靈體，時時刻刻都與上帝有完整和全然的溝通，上帝傾注的資料與答案，由聖靈直接傳送到心裡。

在「另一邊」，沒有所謂的負面，沒有侵略性，沒有自我、妒嫉和驕傲，也沒有評斷。這些性質是完全的人造，不是神造。而這些人類的性質也就是為什麼我們會做出看似瘋狂的決定，要一而再、再而三離開「另一邊」的家，拖著沉重步伐經歷轉世，體驗人生的原因。

我們來這裡的目的是要學習和獲取知識，做為上帝的延伸來經驗和感知。我聽過也看過許多不同的說法，意味每一次轉世，我們的性靈都在「演化」，以便於「更接近神」。但這並不是事實。我們的靈魂在神創造它時，就已經是完全演進了。因為我們是祂的一部分，就像祂是我們的一部分一樣，所以沒有什麼「接近」祂的問題——因為祂一直和我們一起。

有一次我問一個非常有智慧的靈魂，當時我比現在年輕許多，而且正經歷一段特別辛苦的日子。我問她：「為什麼生命必須如此艱辛？」她用一個問題回答我：「當生命很順遂時，你從它學到了什麼？」我雖然很不想承認，但她是對的。有句古諺說得對：「如果它殺不了你，它會讓你變得更強壯。」在我們生命的道路上，如果沒有挫折，我們無從學習；我們是從克服一路上所面對的阻礙中受教。這是為什麼我們的靈魂有時會離開「另一邊」來到這裡的原因——來經驗和克服各種負面的形式，並將學得的知識帶回「另一邊」。

然而，如果我們在「另一邊」有所有知識的管道，為什麼又要多此一舉的將自己置於俗世負面的情境中？為什麼不停留在完美的靈界的家，閱讀有關不完美的永恆知識就好了呢？為什麼要來這麼一遭？

答案是：絕妙出色的概念只有在實際應用時才有價值。如果神創造我們的靈魂只是為了滿足不需實際體驗的知識，那麼尼爾阿姆斯壯就永遠不會登陸月球。李奧納多達文西將會只忙著閱讀藝術方面的書籍而沒時間畫出曠世名畫蒙娜麗莎。每當有飛機飛過時，艾美利亞艾爾哈特（Amelia Earhart）（譯註：美國著名的女飛行家）只能在家裡忍著心痛，而威廉莎士比亞一輩子都會忙著去劇場看戲，懶得提筆創作了。

我們都選擇了經歷另一次人生，這表示我們都擁有和這些偉大名人一樣的毅力、勇氣、自律、好奇心和信心。來到人間本來就要很大的膽識，光這點下凡的勇氣，我們就該好好尊重自己和他人。

當靈魂決定經歷另一次肉身時，我們為這生規劃了藍圖。藍圖的設計是基於在這條永恆追尋知識的路上，我們最有興趣經驗的事和需要學習克服的問題。這個藍圖包括了每件事，由我們的父母、家人、童年，到我們的事業、健康、財務狀況、性取向、婚姻、子女和生命的長度等等。我們也挑選一條「選擇線」——這是我們覺得最需要學習的地方，也就是此生常受到挑戰的面向。

人生總共有七條「選擇線」：家庭、社交生活、愛情、健康、靈性、財務和事業。如果你仔細檢視你的生命，我打賭，一定有其中一項是你怎麼努力都好像無法做對的事。在最糟的狀況下，它會影響了其餘六項，讓你感覺什麼事都不對勁。不要慌張，它不是違背你意願下的困苦包袱；事實上，它是你自己所選擇的挑戰。將它想成是你這生「主修」的科目，有天你終會掌握它。（我知道這不是件簡單的事。我的「選擇線」是家庭，相信我，我現在62歲了，還在學習如何處理。）

在我們來到人世前，我們除了先有藍圖外，我們還與「另一邊」的存有立下神聖的約定，請他們在我們這一路的肉身之旅中提供指引、看顧、保護及幫助。在這群諮商者中，與我們最親近，和我們一起計畫、檢視藍圖，在我們的每一步旅程都陪在身邊的，就是我們的指導靈。

指導靈

我們每一個人都有指導靈。指導靈是我們的靈魂在「另一邊」時非常接近與信任的某個靈體。他答應在我們經驗另一次地球生命時，時時陪伴並幫助我們。他是我們在靈界的良師益友，也是最好的朋友。他只是恰好生活在另一個次元。

所有的指導靈至少都有過一次肉身經驗，所以他們能夠理解人類世界無可避免的問題、錯誤、誘惑、恐懼和脆弱。事實上，大多數的我們，都曾經是，或將會是某某人的指導靈。一般而言，指導靈是你的祖先，或是曾跟你一起經歷前世的同伴的情形比較罕見。指導靈也不會是你這輩子知道或認識的人，因為你與指導靈的關係是在你投胎前在「另一邊」便已建立形成。

我前面提到的我的指導靈，是個名叫艾依那的阿茲特克—印加女性，雖然我後來將她改名為法藍欣。她生於西元一五〇〇年南美哥倫比亞的北部，在一五二〇年西班牙人入侵時被殺害；這是她唯一的一次地球肉身經驗。我們是在「另一邊」認識成為好友。雖然我們從未在前生相遇，但這一點也不影響我們之間的親密感。

指導靈的任務是驅策、督促、鼓勵、諮詢和支持，就像名稱所建議的，在我們的生命之途引導我們。他們有幾點優勢有助執行任務。首先，指導靈和我們的靈魂——我們的本質——有很親近的聯繫。指導靈研究並記得我們的藍圖。我們，則很不幸的，在地球之旅中對藍圖失去了有意識的感知，以致傾向於在設定的計畫外圍游移。指導靈能幫助我們重回人生軌道。他們在「另一邊」的有利位置讓他們和上帝的神性知識有直接的交流管道。他們也同時享有每個靈體讓人羨慕的能力——能同時出現在好幾個地方，不受到任何牽絆。他們能出現在「另一邊」的一場演說或宴會，或在探視地球上的另一個所愛的人的同時，仍然注意我們的一舉一動。

如果你現在正想像成有一群窺視狂注視著我們的一舉一動，侵犯我們最個人的隱私和「私人的時間」，讓我舒緩你的想法。他們是被稱為指導「靈」（spirit），而不是「肉體」（body），因此他們只對我們的性靈有興趣。我們肉體的多種功能並不在他們的興趣範圍內。

另一件指導靈不會做的事，是干預我們所做的選擇，或剝奪我們的自由意志。在最好的情況下，他們會提供可能的選擇和警告。但我們和他們一開始就有協議：我們是來人間學習和成長。他們知道，如果一直保護我們不去經歷所必須和需要學習的課程，我們便無法完成在人間的工作。

指導靈和我們用許多方式溝通，前提是，只要我們願意安靜傾聽。你大概會認為這點對我一定很容易，因為我具有可以聽到我的指導靈法藍欣對我說話的優勢，甚至她也可以透過我說話。說起來你或許很難相信，但直到現在，有時候我仍然表現得很頑固，我不注意她的提醒，以致常撞得滿頭包。這大概是對她的耐心和我們兩人關係深度的測試吧。

所以如果你的指導靈和你之間沒有「有聲裝置」，請不要覺得吃虧。他們仍然會傳送給你許多訊息，大多是透過潛意識。而你大多數時候以為的直覺，或良知，或格外清楚鮮明的夢境，都很可能是你的指導靈在向你搖旗吶喊。這些經驗是很常見的。譬如，你沒有任何原因的換了一條平常不開的路，後來你發現你因此避開了一場意外；你突然覺得想打電話給友人，結果發現他正需要你的幫忙；你帶著百思不解的問題入睡，醒來時發現你已有了解答。任何你覺得「有某事告訴我」的說法，都可以改成「有某人告訴我」，因為你接收到的其實是你的指導靈給你的訊號——請記得要據此行動。

你也可以主動向你的指導靈發出信號。當你需要的時候，你可以請求他的協助、建議和保證。但請記得這點，我可是經過一番折騰才學到的——不管你想要什麼，一定要說清楚講明白。

當我的兒子保羅五個月大時，他被病菌感染而且有生命危險。我將他緊急送往醫院，當時他已高燒到華氏一百零五度（譯註：相當於攝氏四十一度）。他在加護病房觀察了26個小時，醫生才宣布危險期過去。我獨自熬過這心驚膽跳的26小時。當我在等待室不安的徘徊、啜泣和祈禱時，我不止上千次的懇求「幫助我，法藍欣！」但沒有得到任何回應。

當保羅恢復健康回到家中，躺在他安全的小搖籃時，我生氣的問法藍欣，覺得她背叛了我，「當我以為我的小孩要死時，妳怎能那樣遺棄我？」

就像所有的指導靈，具有我們所欠缺的神性視野，法藍欣永遠是那麼鎮靜，不管我對她說什麼。她用她一貫註冊商標的平靜語氣回答：「妳就是在氣這個嗎？我知道妳當時需要幫助，但我並不知道是什麼問題。我無法讀妳的心，妳知道的！」

這對我可是件新鮮事。我一直以為她知道我的每一件事。但當我仔細思考，我覺得很有道理。我們的指導靈雖然知道我們的藍圖，但這些藍圖並不包括我們要面臨的每一刻恐懼。從另一個實際的角度來看，我雖然是個靈媒，但我同樣沒有讀心術。就像當有朋友和客戶說：「幫幫我！」時，我每次都會問：「幫什麼？」這是我學到的很有價值的一課，我很樂意將之傳遞——你的指導靈一天二十四小時隨伺在側，他可以隨時與上帝連結，也是你最偉大的盟友之一，你要做的只是省略概括、模糊性的說法，告訴他你確實的需要和細節，他就能提供幫助。

然而對於我兒子的事，我還不想這麼輕易就讓她解套。她雖然不能讀心，但我在醫院房間裡曾一直不停的禱告，她不需要懂得讀心術就可以聽見祈禱，不是嗎？

她告訴了我更多我不知道的新鮮事：禱告是我們與上帝的私人溝通。當我們直接與上帝交談時，有層「隱私罩」會立即將我們圍繞。我們與祂的談話是非常個人與神聖的，就連我們的指導靈都無法聽見。神是我們的一部分。我們是祂的一部分。當我們與神為一體時，沒有人可以侵入或是偷聽。

另一個小祕密，指導靈似乎是完全照字面來聽取你對他的談話。所以當你和你的指導靈說話時，請不要用語意含混或曖昧不明說的假設。這裡有個好例子：如果我問法藍欣，

「妳能描述妳自己嗎？」她會回答：「可以。」然後結束。就一句「可以。」但她並不是靦腆或害羞作答，她只是照你的問題給了最精確的答案，因為在她的想法，你就是這個意思。但是如果我是說：「請妳描述妳自己。」她會很樂意的照辦。

請不要因為你不知道你的指導靈是誰，就輕忽了與他的談話。不要忘了，他們至少有一次人類肉身的經驗。指導靈很清楚，在人世間的我們，對他們以及對在「另一邊」的生活記憶，實際上並不存在，所以他們也不期望我們會記得他。如果你還不認識你的指導靈，或是靈媒還沒幫你指認出來，你可以隨意取個名字稱呼他。這會讓你的指導靈顯得更個人，而且你的指導靈會因為你終於體認和擁抱了他的存在，而非常高興的回應任何你想到或為他取的名字。我小時候就為了圖方便將我指導靈的名字從艾依那改成法藍欣。指導靈對我們的愛就像「另一邊」的本質一樣，是耐心、永恆和無條件的。當日後大家在「另一邊」重逢，我確定，我們到時一定會對這段他們看著我們經歷的奇怪的人間之旅，一起捧腹大笑。

天使

根據最近的蓋洛普調查，四分之三的美國人相信天使的存在。天使裝飾的圖案從T恤、咖啡杯到汽車廣告貼紙，到處都是。有的商店專賣天使圖案的各種用品行頭；許多書籍也以天使做為主題；成功的電影和電視影集搬上螢幕。我曾上過超過80次的蒙太爾威廉斯秀（Montel Williams）（譯註：美國著名的談話性節目），最高收視率的一集便是「天使存在我們之間嗎？」那集播出後，蒙太爾和我的辦公室都被信件淹沒，來信的每個人都有和天使接觸並改變他們一生的親身經驗。

很明顯的，天使並不是新鮮事。快速的翻閱聖經，你就會知道天使存在，也保護我們已久。但為什麼這個真理現在會突然成了大眾有興趣且接受的事？

撇開天使美麗又具力量的事實不談，有兩個合理的原因說明了最近的熱潮。第一，當社會對天使的信仰愈來愈普遍，人們就愈來愈不會抗拒說出他們與天使接觸的經驗。第二，新千禧年的來臨，伴隨著高度焦慮，人們對未來愈來愈感到不確定和恐懼，也愈來愈意識到真正的安全感是源自我們的靈性之內。（附帶一提，目前也有史無前例的眾多天使聚集看顧和保護著我們。）

在「另一邊」的存有彼此互動，天使們也有自己的聯盟，他們和指導靈有幾個顯著的差異：

1. **天使從不投胎——他們從未經驗過人類形式的生命。**他們直接傳達上帝的旨意，他們永恆且完美的生活在「另一邊」，除了有時會為了人類的福祉，來到我們的次元作短暫的停留。

2. **天使並不曾檢視我們的人生藍圖，對我們的一生也不明瞭。**視我們當初所選擇的人生困難度而定，我們會招募一定數目的天使在我們的人生旅途看顧我們。但當我們面臨巨大挫折、沮喪和危機，以及努力於人道和靈性的進展時，天使的數目便會增加。天使的本能和天生的任務就是幫助我們渡過人生的黑暗期，為我們的收穫歡慶喜悅。如果可用「一般而言」來形容，我通常見到人們有兩位守護天使陪伴，而在面臨人生課程時，會增加到四至五位。但我現在見到愈來愈多的人，來到地球時就有四到五位守護天使，當他們面臨並克服生命中的挑戰時，可聚集到十位之多。

3. **指導靈和所有回到靈界的靈魂一樣，會以男性或女性表現。**但在「另一邊」，天使的自然形態是雌雄同體，有著細緻絕美的面貌。他們頭髮和皮膚的顏色可以有很多變化，閃耀的燦爛光彩像是從內發散的神聖光芒。

4. **因為天使從未下凡成人類，他們的分子結構比起常在「另一邊」和人間穿梭往來的靈魂，要來得較為「輕」和「流質」。**天使可在一個心跳之間的速度，毫不費力的出現並消失在地球。

5. **每個和天使接觸過的人類都描述天使來去之間從不說一句話。**天使完全不用語言，他們用所謂「注入」的知識來溝通——這是聖靈直接傳遞訊息給心靈，也是上帝和「另一邊」的每個存有溝通的方式。

就像上帝所創造的每樣事物，天使也是有秩序和規律的。愈高階的天使，愈有力量。但也如同上帝的每樣創造物——沒有一個存有——比其他存有更接近上帝或比其他存有更重要。天使透過好的善行和經驗也可以進階，和我們藉由人生學校學習進階是一樣的：

天使——我稱他們為「你的基本天使」，他們像是天使族群的大學新鮮人，最常來到人間保護和解救我們。

大天使或稱天使長（archangel），是大二生，在某方面可算是我們對天使形象認知的創造者，因為大天使們具有翅膀，一般的天使沒有。他們的翅膀，就像他們有時戴的頭飾和皇冠，是榮耀的象徵，用來顯示身份和天使位階的進展。有愈多的功績，他們的翅膀就會愈呈銀色和金黃色，這也象徵著他們向下一個階段邁進。大天使是上帝的信差、傳訊者——例如加百列（Gabriel，譯註：聖經為米迦勒）最著名的事蹟就是為聖母瑪麗亞捎來上帝的訊息，告知她被選為上帝之子耶穌的母親。

基路伯（Cherubim，又稱智天使）和撒拉弗（Seraphim，又稱六翼天使或熾天使）像三年級生，他們是上帝在地球的見證人，是上帝的眼線。他們最著名的顯像是當耶穌基督誕生時喜悅的圍繞在祂身邊。

鷺兒天使（Thrones，又稱座天使）和侯天使（Principalities，又稱權天使）是四年級，最具力量的天使。在某方面他們是上帝的「貼身伺衛」和「親信」，最忠實的追隨者。座天使固定並不活躍，他們是智慧的守護者，從不降臨到我們的三度空間次元。權天使會來到人間，但只在迫切緊急的狀況下，並且由上帝派遣。舉例來說，只有權天使能干預大變動或災難，或是我們人生中致命的時刻，但他們只在上帝的指示下行動。當上帝派遣的權天使們聚集時，集合了他們在天使間無以匹敵的力量，就能創造出奇蹟。

我的客戶、朋友和家人告訴我許多他們與天使接觸的經歷，也有更多成千上萬類似的故事被出版和記錄，我因此開始為那些不相信的人感到悲哀——當相信天使存在的人多過不相信的人時，一味排斥一定很無趣。我的兒子克里斯也是靈媒，在他童年時，他的天使們是他最喜歡的玩伴之一，他經常跟天使們說話。我的孫女安潔利亞，六歲大，也有通靈能力，她不只跟天使遊戲和說話，有位天使還在她嬰兒時期救過她一命。安潔利亞的母親——吉娜，有一次眼看著就要被一輛失控的汽車撞上，幸虧及時被天使強壯的手用力推回路邊，當時這輛車離安潔利亞的嬰兒推車僅幾吋遠。我的一位客戶游泳時遇到海水退潮，她被一個散發金色光芒的天使拯救，天使將她平安帶回岸邊，在她還沒來得及道謝前，天使就消失了。甚至還有一位客戶從崎嶇不平的斜坡失足滑落，墜至一半時，被一股神奇的力量「拉」回到山上。另外一位親眼看見自己的小孩從二樓窗戶跌出，一個泛著白色光芒的天使及時出現將小孩抱住。

將我舉的例子乘上數千倍，你就會知道我所聽到跟天使接觸的實例有多少了。然後你還必須加上上千個被誤以為是「凡人」的例子，因為天使會以人的形象出現。他們能暫時將自己物質化，從小女孩到慈祥的老人家都可以——用任何不會驚嚇到他們要幫助的人，或是不會引起太多注意的形式。聖經上有個美麗的說法：「不可忘記用愛心接待客旅，因為曾有接待客旅的，不知不覺就接待了天使。」（譯註：希伯來書13:2）但這並不表示下次有陌生人出現在你家門前時，你就要邀請他進門。而是如果有陌生人突然出現，在幫助和保護你之後，又在你來得及向他道謝前便安靜的消失，這時你不妨直接向上帝表達你的感謝之意。

我不必是個靈媒，就可以知道此刻你們有些人一定感覺自己被遺忘了，你們懷疑，當你人生中的災難和悲劇發生時，這些天使都跑到哪去了？這個問題很公平。我自己也曾在生命的黑暗時期問過自己；當時我的天使們好像都在打瞌睡或拋棄我了。

這個答案不斷透過法藍欣告訴和提醒我：「你從一帆風順的生活中學到了什麼？」我們選擇來到人間，打好了藍圖，其中有部分就是涉及了面對和克服各種負面的形式，這是為了靈魂獲得更偉大的智識和領悟的必要過程。天使們比我們更清楚，有時他們能提供給我們愛的最好方式和幫助，就是後退一步，讓我們自己學習——當我們回到「另一邊」的家時，我們才會有最深切，最完美的了解和體認。

逝去的親人摯愛

除了很少數的例外，每一位你所愛過而往生的人，此刻都快樂且活生生的在「另一邊」生活，而且他們不時還會來探望你。事實上，當我和琳賽一起進行這個章節時，某晚，她二十五年前被酒後駕車的肇事者撞死的父親，毫無預警的出現。他站在琳賽身後，好讓我看見他，他用左手抓住他右手最後兩根手指，向我揮舞著，直到我告訴琳賽：「妳父親在這裡，他右手的最後兩根指頭怎麼回事？」她試著回想她父親的手，但太久了已不復記憶。她父親告訴我，於是我重複他的話：「噢，它們斷了，所以無法伸直。」隔天琳賽打電話給她母親，沒有說明為什麼，便問她媽媽：「對了，妳記得父親右手的最後兩根指頭怎麼了嗎？」她母親想了一下回答：「我知道他弄斷了那兩根手指，然後一直沒弄好，所以他無法伸直它們。」由於她父親出現的那晚正是父親節的前一天，我和琳賽都相信她父親是在提醒她，他會在她身邊陪她共渡佳節。

雖然我們沒有預期她父親的出現，但他給了我們一個典型的逝去的親友從「另一邊」來訪的例子：

1. 他們很期望能證明自己的身份，解除你心中的疑慮。他們會指出任何從身體特徵到愛好的東西，到他們的死因、綽號小名，以至於隨身的首飾珠寶——任何可讓你相信他們身份的事物。你心中愈少有先入為主的特定身份證明愈好。舉例來說，如果琳賽堅持指認他父親的方式必須和釣魚，或他父親最喜愛的紐約洋基棒球隊有關，那麼她就會錯過一次感人的團聚。

2. 他們是機會主義者。當你正想著他們，或心中浮現他們的畫面時，他們就會捉住這個機會來拜訪你。當琳賽的父親出現時，我們的話題正是「另一邊」。通常在我向群眾演說時，我也總會看到一群靈魂圍繞著現場的觀眾，不僅是因為這些靈魂知道我能看見他們，同時也因為我的觀眾對所有靈性的可能及體驗都抱持開放的態度。就像法藍欣所說的，「當鈴聲響時，我們都跑去應門。」我已記不清當我演講完後，有多少人過來問我，那位高高、黑髮，和我一起站在台上的女人是誰？法藍欣就像所有靈界的靈魂一樣，包括已逝的親友，他們喜歡吸引我們的注意力，但是只要法藍欣的穿著打扮和我不同，我一點也不介意，因為她的服飾品味對我而言太俏皮了。

3. 他們都有一個同樣的目的：希望我們知道他們很好，他們與我們同在，他們不僅沒有死去，而且還比以前更生龍活虎。

我個人覺得第三點是最令人振奮的訊息。這也是為什麼我對算命時經常發生的一些情況一直很難接受的原因。當我對客戶說：「這邊有位瘦小的老婦人在你身邊，她有一雙灰色的大眼睛和很深的酒窩。」他們會打著呵欠回答：「噢，那是我母親……所以，我會升遷嗎？」或是「噢，那是我母親。問她為什麼將麵包店留給小布，她明明知道我想要那家店！」嘿！哈囉！你所愛的某人在這裡要提供你死亡不足懼的鐵證，而你卻寧願討論你的工作？有人從「另一邊」來探視你，而你提出的第一個問題卻是，為什麼小布繼承了麵包店？

在算命時，還有另一種常發生的令人疑惑的「替換」現象：有客戶請我和他們剛逝去的狄克叔叔接觸。然後我看到一個女子出現在他們身旁，我確定她已準備好，也很想對他們說話。我將這位女子仔細的描述。客戶有些不耐的說：「那不是狄克叔叔！」我也知道不是呀！「那是嬸嬸陶若絲。我從來沒喜歡過她。我要和狄克叔叔談話。」

拜託！有位逝去的親友從「另一邊」帶著我們無從想像的神聖知識來探視，而你們卻為了來者何人而吹毛求疵？若有來自「另一邊」的訪客探視，是我們的榮幸。我們不要抱怨，而是應該專心傾聽。

如果嬸嬸陶若絲的來到是因為有事要說？說不定她是為狄克叔叔或是其他已逝的親人捎來口訊？說不定她是想為她生前的苛刻或小氣，或暴躁易怒，或任何導致她不受歡迎的原因致歉？說不定她把留給他們的錢放在鞋盒裡，卻忘了寫在遺囑上？

至於狄克叔叔為什麼沒有出現，有好幾個可能的原因。像我們稍後會在「鬼屋魅影」這章提到的，他可能是還沒有到達「另一邊」。也有可能是他正在子宮內，等待著下一次的出世。

有時候，很痛苦的死亡或是因為你所愛的人就是不想離開這個世界，也會造成他們延誤抵達「另一邊」的時間——但這不需掛慮，我保證。舉例來說，我的父親在病得奄奄一息時仍不願離開我。他還一心想看著他的曾孫女安潔利亞長大。在他逝世八個月後，他才第一次出現——用他送給我的音樂盒將我從熟睡中吵醒。

有些不情願離開，或突然離開肉身的靈魂，也會在死後很自在、安然的轉換到「另一邊」的次元。但有些靈魂雖然順利的通過了象徵性的光之隧道，來到了另一個次元，仍有可能一時無法調適，所以在「另一邊」的存有們，已隨時準備好提供協助。有些靈魂被帶往一系列的說明會和活動，這些通常是靈魂們在人世時所喜歡，可以幫助他們放鬆的活動。從釣魚、園藝、參加芭蕾舞演出和歌劇，到健行、游泳、閱讀、畫畫、雕塑等等。其他的靈體，像我父親，就是在「繭」裡（cocooned）經歷一場具潔淨功能的深沉睡眠，在其他靈體的看顧下直到他們從地球層面完全抽離。根據法藍欣和許多與我討論過「繭」的靈魂的說法，我們可以將不同次元間的困難過渡和潛水夫病相比。就像游泳時一下子從很深的水底浮上水面，所承受的壓力變化是一樣的。通常這種過渡期最多維持幾個月，就我們所知，這個凡間的時間比靈魂世界一個心跳的時間還短。當我父親最後終於出現時，我已因思念他而渡過了悲傷的八個月，我忍不住問他為什麼這麼久，他還說：「怎麼了？我不是才剛離開嗎？」

我承認，縱使知道當這生結束，在「另一邊」會有筆墨難以形容的喜樂等待，但當所愛的人往生，我還是會非常難過與哀傷——不是為他們，而是為我自己。這是我的自私，但我實在痛恨說再見。我相信任何能幫助我們熬過哀傷的方法都是值得尊重的。如果去墓碑旁哀悼可以撫慰你的心靈，那就盡你所能的去做。但這麼做並不是為了你所失去的人，因為他們並不在那裡。事實上，他們很可能和你一起坐車去墓園，再和你一起回家，並希望你不要將那些美麗的花朵遺忘在墓地（這些花只是被你欣賞）。我從沒聽過一個到了另一次元的靈魂在抱怨他們墓地的大小，或是某某魂在山坡上的墓有較佳的景觀視野等等。不論我們在這裡怎麼做，不管我們做得多豪華，都無法和「另一邊」的大理石雕塑及美景相比。因此，實在不需要花費大筆金錢，或甚至借錢將墓地弄得美崙美奐，只為了讓逝去的人感覺榮耀。你只要將同樣的鮮花放在他們的照片或是紀念物旁邊，他們一樣會感到高興，而且你們還可以一起欣賞呢。

在我的客戶中，有一個共通普遍的痛苦，就是後悔和往生的人有未解決的情緒糾葛。

「我們最後一次的談話還在爭吵……」、「我沒來得及跟她說抱歉……」、「我很擔心，他不知道我有多愛他……」、「我沒機會跟他道別……」這些沒說出口的話或許不同，但不斷刺痛心頭的悔恨卻是一樣——而且不需要。不要忘了，在「另一邊」沒有不知道的事，在充滿了神的無條件的愛中，沒有所謂的負面；你摯愛的親人來到人間前所設計的藍圖裡，也沒有所謂的未完成的事。但是如果將你心中的遺憾告訴他們，可以幫助撫慰和治療你的傷痛，那就說吧，他們會傾聽的。

在你和逝去的親人談話時，不要忘了將你的寵物也包括在內。在「另一邊」的動物包括了你這生及所有前世的寵物，牠們在那裡依舊以同樣的、不變的忠心看顧我們。我最喜歡的法藍欣給的死後保證之一，就是當我們抵達「另一邊」時，指導靈和所愛的人有時還得跟寵物們爭相歡迎我們的到來呢。傷害地球上的動物就像傷害上帝派遣給我們的守護天使。傷害動物不僅是瘋狂的行為，它就像拿槍射自己的腳一樣——我們的性靈禁不起這種塗炭靈性動物的傷害。

逝去的親友通常比指導靈更能輕易的來探訪我們，因為他們才剛從我們的三度空間次元離開，較有經驗在「另一邊」和人間轉換自如。這裡有個例子。數年前，有次我在廚房，一不小心，下一刻，我已在忙著滅火，我渾然不覺自己已吸進太多的煙霧，當我想到時，已經快窒息了。在慌亂中，為了呼吸新鮮空氣，我朝著距廚房約有20呎距離的陽台奔跑。我記得我腦裡才晃過「太遠了，我可能永遠來不及跑到」的想法時，我開始失去意識。就在那個剎那，我被後面一股巨大的力量捉住，拋到陽台。當我趴在地上，深深的吸了一口新鮮空氣時，一撮金髮散落在我肩膀前，我同時感覺到解救我的力量從我身上移走。過了一會兒，我已能起身，一個人獨自在陽台上，看著廚房的煙霧，油已燒盡，火也自動滅了。由於法藍欣的頭髮是深黑色，我知道不能歸功於她。所以我假設，搭救的是我其中的一位守護天使。因此當法藍欣告訴我，其實我的女英雄是祖母艾達時，我著實嚇了一跳。我的祖母直到三十多年前去世時，一直都是我的心靈捕手和我最親近的朋友。一直以來，我常常挑戰法藍欣。我曾試過上千次要證明法藍欣不是每次都對，這一次我原以為我贏了。「絕不可能是艾達祖母，她的頭髮是白色的，記得嗎？」然後我回想起，祖母的頭髮是在最後幾年才變白的。之前她一直都是金髮，包括她30歲時——這不正是我們在「另一邊」的年齡嗎？而她就是從那裡奔來救我的。

請不要讓這個故事混亂了你對逝去的親友們在三度空間容貌的印象。大多數的時候，他們會以你最後所見到的年齡出現，以便幫助你認出他們。但這次的情況很緊急，來去匆匆，沒有時間讓她從「另一邊」的30歲容貌轉換成她離開人世前的老婦人模樣——她的時間只夠她趕來這裡。

還有一點值得一提，當這事發生時，我的祖母已過世很久了。我的客戶們通常會很驚訝的發現，已去世五十年或六十年之久的摯愛的人，仍然在他們身邊。他們以為經過這麼多年，往生的人早已忘了他們，或是早已投胎轉世再次來到人間。然而，「忘懷」在「另一邊」是不可能的。已經轉換次元的靈魂對每一世的回憶，每一個經驗，和他們在地球上所愛過的每一個人，都有即刻的記憶管道。事實上，被我們意識中已不復記憶的前世愛人探訪，也並非不尋常的事。因為時間在那裡是沒有意義的，在我們對他們道別的數十年後，對他們而言，就像幾秒鐘前的事。所以，他們從不曾，也永遠不會忘懷。

至於另一個想法——因為他們已投胎轉世，所以無法探望我們——這樣的可能性也不大。在其他的章節我們會提到在死亡後立即進入子宮的靈魂。但對大多數的我們而言，如果選擇再次回到人間，經驗另一次輪迴——這是我們的選擇，視我們靈魂進展所需要的人間經驗而定——一般而言，我們在轉世間停留在「另一邊」的平均休息時間是一百年。

在你認為你摯愛的人已不再探視你，或你覺得他們從未由「另一邊」來探望你之前，不妨先看看「鬼屋魅影」那章。已轉換次元的靈魂有許多的方法吸引你的注意力，只為了要告訴你：「我和你同在」。但我們卻常因輕忽而錯失了這些信號。你不見得一定要以我的話為準，但你可以打開你的耳朵、眼睛和心靈，專心傾聽。你會感受到有無窮盡的愛和保證，一直都在你的周圍，等待你去注意，等待你去認知，等待和你分享喜悅的真理——宇宙間根本沒有死亡這麼一回事。

到「另一邊」一遊

這裡有個簡單又奇妙的練習可以讓你隨時和「另一邊」有美好的接觸，你只需要一些安靜的時刻便可達成。你可以要求和你的指導靈，或已逝的所愛的人見面——再次提醒，不論誰出現，都要表示歡迎。我幾天前做了這個練習，然後有位自稱里娜的靈魂來拜訪我。我一直不知道她是誰，直到有天我翻閱祖譜，發現她是我的曾曾曾祖母。你希望有一天當你的祖先向你自我介紹時，你卻叫他閃邊站，只因為你從沒聽過他的名字嗎？

現在，讓自己舒服的坐著，以清澈、放鬆和開放的心，盡可能遠離干擾和分心的事物，然後閉上雙眼。

你正向一扇巨大，發著光的銅門前進，銅門有精緻的鏤刻和裝飾，是你生平所見過最美麗的門。在兩片門的中間有一個很大的青銅鈴。當你的手握住鈴時，平滑的金屬感讓你覺得一陣清涼，你不費力的就將這扇厚重的門打開。

在門裡面，你看到一間橢圓形的房間，寧靜、溫馨。你感到非常安全而且沒有負荷。你深深的吸了一口新鮮空氣，往前走三步路，你到了這間很大的橢圓形房間。

地板是實木的，上面鋪著地毯。走在柔軟得像雲的白色地毯上，赤腳的你感到舒暢無比。灰色石頭的壁爐讓你覺得溫暖。天花板上拱形的窗戶，飄進微微的海風，透明雅緻的紡絲窗簾輕輕飄動著。窗戶旁有一個很大的白色鋼琴，反射著柔和的夕陽光彩。你的身邊圍繞著燭光。你聞到附近有茉莉花香。

你看到兩張相同的白色錦緞的椅子並排，桌腳是美麗的雕木。

你坐進左邊的椅子，右邊的椅子是空的。你慢慢的呼吸，當你舒適的坐在椅子上時，你環視這間橢圓形的房間，此時心中被一種你從未感受過的平安、健康、活力和滿足感所充滿。

你請神以聖靈的白光圍繞你，你立刻感受到一股來自全能、無條件的愛的溫暖包圍並穿透你，直到光成了你的一部分。你領受到被崇愛的喜悅。

你注意到右邊有些動靜，你轉過頭去。

一個人影朝你右邊空著的椅子走去，坐了下來。你並不害怕，因為你知道神聖的白光一直保護著你，傷害和黑暗無法接近。

這個人影等待著，以耐心、安靜、和開敞的心。你因他的存在而被祝福和庇護。

最後，你輕聲的開口說話……

有時這個人影是你認識的一位逝去的摯友或家人，和他們說話、和他們分享你的心思。但不要忘記，你也要傾聽。縱使他們說的只是「我在這裡，我愛你。」想想看，從一位你以為再也見不到的人口中聽到這句話，會是多美好的事。

如果這個人影不是你認識的人，請教他的姓名。如果他沒有馬上告訴你，沒有關係。繼續談話，繼續問問題，繼續傾聽。在他告訴你為什麼他在這裡，並告訴你他想說的話的過程中，遲早他會揭示他的姓名。他或許是你的祖先，或者是你的指導靈，也或許是為你所愛的人捎來訊息。不論他是誰，都竭誠歡迎。

如果你希望加強這個練習，找位朋友在整個過程中和你坐在一起。之後，寫下所有細節，描述這位來拜訪你的人物，將紙折半，讓你的朋友看不到你所寫的內容，然後請你的友人向你描述這個人物。你將會很訝異你朋友的描述和你所寫的相當符合，不管他們是不是靈媒。

你或許會想將結果歸諸於「想像」。事實上，我的指導靈說「想像力」一詞是我們的字彙裡最糟糕的字之一，因為它成了一個方便和懶惰的藉口，用來解釋和推拖值得我們注意和探討的事物。

但如果它真的只是「你的想像力」呢？你由這個練習中所獲得的平和、愉快的感覺還是相當真實的，不是嗎？

反過來說，如果它不是想像呢？

讓我再說一次，我們真的並不孤單。有許多證據顯示，的確有來自「另一邊」的幫助，也有靈魂永生的證明。我們所需做的，就是當它在眼前時，能學習認出它來。如果這本書有任何一個目標，不多不少，就是這個。

02

每日的神奇和奇蹟：發現和創造你生命中的喜悅

我們每一天都生活在神奇和奇蹟中，我們每一個人也都有創造奇蹟的力量。如果你已經很久沒想過「奇蹟」兩字，或已經不再相信奇蹟的存在，請認真看待我要說的——它們並沒有消失，只是我們暫時和它們失去接觸罷了。奇蹟為我們的生命帶來喜悅和希望，使生活變得有趣，重新與它接軌是我們該為自己做的。

將我們和神奇與奇蹟分離的部分是人性的一個過程——當我們太常看見相同的事物，往往就會忘記了它們有多特別。如果某個早晨，有隻獨角獸出現在灑滿晨光的院子裡，我們一定會覺得是受到了恩寵才有這樣的幸運。反之，如果有一群獨角獸每天早上都固定出現在院子中，我們很可能就會打電話給動物控管單位，想著要把牠們驅走，深怕牠們破壞了草坪。同樣的，如果生平第一次看到紅海被分成兩半的實況影片，我們肯定會驚異得目瞪口呆，無法言語。但若是連續兩三個禮拜，天天都播演同樣的畫面，我幾乎已經聽到我們邊喊邊找著搖控器，想知道世界上還有沒有其他的新鮮事。所以說，並不是神奇和奇蹟在我們的生活中消失了，它們並沒有消失，我們也仍然被奇蹟圍繞，我們只是需要重新和它們連結，不再將之視為理所當然。

具有破壞性的情緒，比如罪惡感，也會將我們和生命中的神奇隔離，阻隔我們體驗奇蹟的機會。我估算在我的客戶中，二十位裡面就有十八位因為罪惡感而耗費了寶貴的能量，罪惡感儼然已成了比神奇和奇蹟更有力的能量。也因此我們需要釐清愧疚的根源，將它鏟除。如果你曾經說過或做了你明知會傷害別人的事，請為你的行為負起責任，向對方致歉，並努力用行動彌補。（光說「我很抱歉」而沒有行動證明，是沒有意義的。）如果你說過或做了傷害別人的事，但你捫心自問並不是有意，那麼道歉後就讓這件事過去。不要說沒那麼簡單，只要你願意停止擁抱罪惡感，好似它在你生命中扮演著多正面的角色；只要你願意認知罪惡感是能量的浪費和靈性的敵人，它就可以是這麼簡單。

當然，以我這瑕疵的一生，這點我可是很辛苦才學會的。我父親的過世就是個例子。我和父親感情深厚，在他臨終前，我一直在他的病床邊寸步不離的守護照顧。他在世的最後那天，我趁空短暫的離開病房，伸展雙腳，順便喝杯水。就在我離開的時候，他走了。我的哀痛不僅在於我失去了深愛的親人，更因為愧責沒在他嚥下最後一口氣時守候在他身邊。我責怪自己，不該為了喝杯水就離開他。在他踏上回家的旅程時，我不是那個最應該在他身邊的人嗎？為此我自責不已好一段時間，最後，我終於能退一步，平心靜氣問自己真正的問題：我有任何一秒鐘，不想在他臨終前陪伴他嗎？答案是：絕對沒有。從那刻起，我學會了如何面對愧疚，就像面對我其他的壞習慣。每當負面的聲音開始在我腦中灌輸「我本來可以／我應該」的時候，我會反思自己的本意，並用正面的聲音在自己腦中大聲喊「停止」。

這個方法很簡單，但有效。向自己承諾，下個禮拜你要和罪惡感宣戰。任何因你蓄意而製造的傷痛，請行動，去改正，去彌補。如果你為了無意引起的傷痛而責怪自己，在愧疚感侵襲時，你可以無聲的對自己喊「停止！」直到你厭煩了對自己喊叫，直到那些罪惡感不再偷襲你為止。

然後，你可以將原本浪費在罪惡感的能量，導入到使神奇與奇蹟發生的最大要素——學習愛自己。不愛自己表示不尊重神的創造物。不愛自己，是在還沒使用力量前，便先懷疑了自己的能力；不愛自己，是不相信自己值得擁有神賦予我們之內的神奇。

你可能從小就被教導愛自己是不對的，認為這是自我中心、自大、任性和不討人喜歡的，你甚至被教導如果有這種想法應該覺得羞恥。事實上，自愛並不表示你高人一等；自以為凌駕他人之上才是自大和不討人喜歡。我並不是在倡導一個充滿自我膨脹、自我陶醉，每個人都自鳴得意、高視闊步的世界。自愛，愛自己，簡單的說，就是尊重自己，對自己好，並且和懂得尊重你、對你友善的人相處，同時你也依據你給孩子或你最親近的朋友的建議及準則生活。

我發現當我迷失在黑暗期時，幫助我重新找回對自己的愛的最快速方法，就是列出「我不是什麼」。這好像比列出我自己的優點要來得容易且順暢，但它具有同樣自我確認的整體效果。譬如說，我不是不誠實，我不是好評斷，我不是個懦夫，我不是不負責任的母親和祖母，我不瘦小等等描述。你所不是的，幫助你定義你所是的，而且它也提供了你一些你希望加強的特質，使原來在「我不是」的清單上的項目轉移到「我是」的清單。

你也需要定期檢視自己是否受到所謂決定論（determinism）的影響。這是別人對我們所說，加諸在我們身上的一連串可笑無稽的「假定事實」。通常在我們年輕的時候，它限制了我們，如果我們不小心，它會在無形中不公平的決定了我們是誰。讓我舉些例子，你就會知道我的意思。

* 「你對機器根本一竅不通，沒慧根。」
* 「你當然胖啦，這是家庭遺傳。」
* 「你對理財向來不行。」
* 「所以你覺得婚姻不幸福……不要再抱怨了，你能找到個人要你，已經算幸運了。」
* 「你經常生病我並不覺得奇怪。你從小就體弱多病。」
* 這是我母親的魔咒之一：「面對現實吧，蘇菲亞，妳姐姐比妳漂亮，妳只是有個性罷了。」
* 我有位朋友曾被這麼說過，「你可以放棄留長髮的夢了，因為你的頭髮不會再長了。」

* 我有位老朋友從小就和低自尊奮戰，他父親拒絕讓他參加少棒隊的徵試，因為「你全身上下沒有一個運動細胞。」
* 有位曾與我共事的女士每天都穿紅色的衣服。老實說，她穿紅色實在很難看。我終於找到一個委婉的方式詢問她。她說，其實她很討厭紅色，厭倦很多年了，只因為在她小時候有人曾對她說，她穿紅色看起來漂亮多了。

列出一個清單。將你周圍的人曾對你說過的「決定論」寫下來。然後將這張紙撕掉，扔到早該被丟進的垃圾桶。

記得，是你決定你是誰。是你決定你能做和不能做什麼。你穿什麼好看或不好看。你想或不想住哪。你的首要選擇是什麼和不是什麼。你相信和不相信什麼。你真正的限制是什麼。我們每個人都有限制，如果你不實際面對，你就會被自己打敗。但再次的，它們是由你，而不是由別人決定。舉例來說，我的身高五呎十吋，如果我堅持做個騎師將是件愚蠢的事。我的五音也不全——這不是決定論，這是個簡單的事實——所以我為什麼要讓自己一再被歌劇的選角拒絕呢？重點是，我說我不想做個歌劇家，我不會讓任何人來為我決定這件事。即使我的父母真的堅持我非唱歌劇不可，我也不會為了他們的想法而讓自己的人生經歷這樣的挫敗。專制的期望是另一種形式的決定論，一樣無法讓人接受。

肯定法

肯定法（affirmation）是用來消除不安全感，養成愛自己、珍視自己的習慣的一種重要方式之一。這是單純的用字彙來表達，身為神所珍愛的子女的我們，真正想要的是什麼，真正想做誰，然後不斷的重複這些話語，直到潛意識將它們當做事實接受，我們的行為也會隨之有所改變。藉由肯定法，我們可以將自己想得更健康，更強壯，更正面，更美麗，更英俊，更仁慈，更具有耐心，更有自信，更勇敢——不論是什麼，只要能幫助我們更愛自己。

宗教和文學提供了許多美麗的肯定語詞，在本書最後的附錄，你會看見我最喜歡的幾個。但你也可以自己發明。如果你像我一樣，熟背了一段文字，不管它寫得有多棒多真實，但當你經常背誦以致到某個程度，它就像變得像是照本宣科而失去了原本的意義。我曾經有次在低頭背頌天主經時，心裡還在想著，坐在我旁邊這位女士的鞋是在哪買的。所以，請盡可能選擇與你靈魂相呼應的肯定詞。一個發自你內心深處的肯定詞句，不論你是大聲唸出還是在心裡默念，都和其他美麗的肯定詞有同樣的效果，重要的是要專心。

如果你不確定該如何創造或組合自己的肯定詞，想一想決定論，和你向來當做事實接受的負面的確認詞句。你已經學會去相信這些負面詞句了，因為你一直聽到它們，不是嗎？如果你經常聽見和它們相反的話，同理，你也可以學著去相信；這就是所謂肯定法的意義。就如你能由發現你所不是的，而知道你所是的。你的第一個肯定詞可以是反擊任何對自我形象的負面說法，不管它從哪來。

從自己開始。絕不看低自己，甚至不開貶低自己的玩笑。向自己宣布這是被嚴禁的。再也不要說「我很笨」、再也不要說「我很胖」、再也不要說「我很笨拙」、「我很醜」、「我很矮」、「我太高了」；不要說任何「我不能」的字眼。你要每天用正面的詞彙取代，像是：「我對許多事情都很聰明」、「我有能力擁有任何我想要的人」、「我很優雅」、「我很迷人」，尤其是「我能！」

至於你周遭的人，如果他們用任何方式貶低你，逐漸傷害你對自己的愛，使你不愛自己或看輕自己，他們也超過了界線，你可以不再接近他們，除非他們學習調整。傷害人、具侮辱性的字眼和行為都是不能被接受的，就是這麼簡單。和一個讓你覺得自己不如人，一無是處的夥伴相處，對你造成的心靈傷害遠超過你所以為的。不要忘了，我們都是在人間學習克服負面的事物——而不是接受它，擁抱它。

還記得前面提到的尖銳的「停止！」嗎？當我開始墜入罪惡感的陷阱時，我大聲對自己喊叫的話？對，就是這個「停止！」。每當有人對你說傷害或侵犯的話時，我要你在心裡沉默的說：「停止！」。不管你怎麼做，就是不要站在那裡和那個人爭吵，不要為自己辯白。沒有比你一句我一句和別人爭論你並不胖，或並不醜，或不笨，還要傻的爭執了。你既然不是，又為什麼要讓自己捲入和你無關，一個你根本不是的爭論呢？舉個例，假使有人走向你對你說：「你是隻長頸鹿。」，你會多花一秒鐘去說服他你不是嗎？不，你會回答：「這真是荒謬。」然後走開。（同時我希望你想想，為什麼要跟把你想成長頸鹿的人做朋友。）所以，你可以在每句無聲的「停止」後面，再加上無聲或大聲說出：「這真是可笑無稽。」然後轉身走開，不要陷入無意義的爭辯。

最重要的，任何人對你的中傷侮辱，不管是用行動或言語，立刻養成習慣用正面的肯定法來「中和」，使它無效，一次又一次，直到你確定你相信你的正面肯定多於那些有關你的負面言論。試著用正面的肯定詞句來取代中傷和負面的思想，試上三個月，你會很驚訝的發現你在生命中所創造出的神奇和喜悅的空間。

至於肯定法為什麼有效，有個很合理但常被忽略的原因：肯定語句直接與靈魂溝通，而靈魂，以它具有的永恆知識和智慧，永遠認知並和真理共鳴。然而我們怎麼知道肯定詞句是真理？因為不管我們如何描述，不論我們用什麼字句，肯定詞就是正面的認知到我們身為神的子女的神聖價值。肯定詞是靈魂的重要滋養，是即時、神奇和一種奇蹟式的方式向我們內心的上帝微笑，並看到祂親切的回應。

寫給宇宙的信

有一個有效的方式可以強化我們的肯定語和心底最深的希望，就是將它寫下來，以一種寫給宇宙的信的方式，寄給神，寄給宇宙，寄給你的指導靈，你的天使們——任何你覺得和你內在的神性力量最能親密連結的靈體。信裡要包括許多肯定詞句，用來提醒自己是多麼值得接受生命最大的祝福。你並不需要提醒上帝，因為祂早已知道你的價值，祂只是等待你領會。然後將每件你想要的事，仔細的寫下來。（有人曾說：「小心你所要求的，你很可能真的會如願以償。」這個人的確知道他在說什麼。）確定你的信裡包括了你對身體、情緒、及靈性上的期望，因為最美好的人生是在這三方面得到平衡。當你寫下這些期望時，也向自己承諾要朝這些目標努力。天助自助者，沒有人能坐享其成。

當你寫完時，將一份影本放在一個安全，你平常不會接觸的地方，然後將正本燒掉。燒掉它並不是因為這樣灰燼會往上飄，上帝才能讀到信的內容，燒掉它是要藉由火的強大能量來提升、強化你這封寫給宇宙的信的力量。

六個月後將影本拿出來重讀。你至少會發現一些令你驚奇的事。包括你原先預備寫給宇宙的下一封信的內容可能會有些改變。你也可能發現在過去的幾個月間，你已和上帝完美的宇宙結盟共創了一些神奇和奇蹟。

提到火的能量，這是我為什麼喜歡蠟燭的原因之一。我建議你經常使用蠟燭，尤其在使用肯定法和寫信給宇宙時。這並不是說蠟燭有神力，而是點亮燭火的儀式自古就有它的力量，而且燭光能幫助你集中你的能量。還有一點，你或許不知道，靈魂的世界看不到人工的光，但他們能看見點亮的蠟燭，而且被它們吸引，原諒我的用詞，就像飛蛾撲火般。

我最喜歡的蠟燭儀式，也是最具力量之一，就是坐在點滿一圈或十字型蠟燭的地板中間——一支在腳邊，一支在身後，一支在左，一支在右——然後進入完全鬆弛和冥思的狀態。我想像聖靈的白光從我的太陽叢（胃的核心，就在胸骨之下）點燃，透過我發光，並和圍繞在我身邊的白色光芒合一，藉由神聖的白色火燄，聖靈燃燒我身體，洗滌摧毀並治癒所有的負面和疑慮。

將這個簡單的光圈練習變成一種習慣，你可以在每個禮拜一進行這個儀式，我保證，透過練習，你會感覺被一股強大的力量更新，像是重新充電一般，有時也會有治癒身心的療效。

創造奇蹟

我們每一個人都有治療的力量。

幾句提醒的話先說在前面。請絕不要相信疾病和死亡是上帝的懲罰，或是如果你無法治療你自己或是所愛的人，你就是失敗了。上帝從不懲罰，從不。疾病和死亡都包括在我們的人生藍圖裡。在我們進一步討論藍圖時，你會發現，一路行來，我們不只能修改藍圖上的疾厄，我們也可以選擇五個「出口」——所謂離開地球的時間。當我們在「另一邊」撰寫人生藍圖時，在每個決定背後都有一層很深遠的目的，然而當我們現在依此藍圖在人間付諸行動時，我們或許並不了解為什麼，但我們在「另一邊」時曾經明瞭，而且在我們回去後也會恍然大悟。

有三種元素，組合在一起便可以產生奇蹟——祈禱、信念、肯定法——三者一起，再加上準備好接受奇蹟的意願。這裡有個例子：

我在四十三歲時面臨了我人生的第三個「出口」，當時我正動完一個大手術。我將這次稱為「瀕死經驗」，但在臨床生理學上，我是真的死了——我的心跳停止，體溫下降，心電圖呈一字型。然而我的周圍都是禱告聲，而且我一直不缺信念；我是個有信仰的人，所有幫我祈禱的人也深具信仰。我清楚的記得，當時我在一個通往上帝的美麗白光的隧道裡，而且老實說，我是滿心喜悅的往那方向前進。這時候有個女性的聲音，自醫院病床旁傳來，這聲音充滿了我的靈魂，「蘇菲亞，你不能走，許多人需要你。」

一句肯定詞。

雖然我很想走進那充滿完美的愛的白光，但我知道那聲音說的是對的。我有太多事還沒完成，如果我現在就離開，就不能完成更高的旨意。在那一刻，我做了決定，雖然不是令人興奮的決定，但我還是回來了。我的醫生強納生凱利博士後來證實，我對「許多人需要你。」這句話，有即刻的生理上的反應；我開始恢復心跳，螢幕有了影像，然後體溫慢慢回升至正常。

祈禱，信念，肯定。無庸置疑，三者產生了奇蹟。從充滿愛的白色光芒回來後，我悶悶不樂了好幾個禮拜，但它確實是個奇蹟——完全介於我和上帝間的私人決定——奇蹟被觸發，因為我願意傾聽並回應了提醒我任務未了的聲音。

數年前的一集蒙太爾威廉斯秀，其中一段是有位婦人詢問我，她還有多久日子可活；她已被兩位醫生宣布來日無多。我還記得當時我看著她的眼睛，我知道我對她說的是真的：「妳還不會死。」我這個人從不會「嘴下留情」，或刻意說對方想聽的話讓對方好過些。從她回望的眼神，很明顯的，在那一刻她相信了我。在那一刻，她讓我的能量壓過她的，使得那個肯定詞有足夠的時間貫穿並充滿她的心靈。

直到現在，她還寫信給我，她的絕症被治癒了，仍然健康的活著。

祈禱，信念，肯定，創造了另一個奇蹟。這奇蹟不是我創造的，她將決定留給上帝，並接受了正面的信念，這樣的意念決定了她在人間的日子還沒結束。

正面信念可以創造奇蹟，負面思考也同樣有它的力量。我曾不只告訴一位客戶，他們的疾病不是絕症，是可以治療的，但他們就是不肯掃除心底對死亡的陰影。如果那個人已經和上帝做了決定，並且為了他們自己的理由，堅持拒絕改變心意，那麼天底下沒有一個肯定詞可以停止他所面臨的重大疾病或是死亡。

將你的能量放在祈禱、信念、和肯定詞上，你也可以為你所愛的人製造奇蹟。只要記得，沒有所謂失敗這件事。你有力量去介入——就像在我醫院病床旁那位女士，和我在蒙太爾威廉斯節目的例子。然而，你所愛的人和上帝之間也有他們的時間表。不論結果如何，不論是否如你所願，請記得：沒有任何祈禱、信念和正面肯定的能量是白費的。還有什麼比帶給別人和自己希望，更具有力量的禮物呢？當新生命誕生時，我們通常會歡迎並祝福。同理，對於那些選擇回到「另一邊」的家的靈魂，我們也可以祝福並為他們高興。

似曾相識的感覺

奇蹟並不僅限於生死或重大疾病，有些奇蹟「平常」到我們不以為意。一旦我們停止讓決定論和罪惡感腐蝕、煩擾我們的心智，並用自愛、信念和正面肯定的力量取而代之，我們的雙眼和心靈將會對圍繞在人間世界的神奇更加開放。就像「每天的獨角獸」和「每週的分隔紅海」戲碼一樣，一旦無法解釋的玄妙現象變得非常普遍，我們就會忘了它們有多特別，也或者會打從一開始，就搞不清楚這叫做「奇蹟」。舉例來說，似曾相識的感覺（Deja Vu）就是一種我們每個人經常會有的經驗。如果我們只是把它當成瞬間有趣的事，就不會感覺那麼神奇了。但是，我們如果將它認知為它本「是」的——對「另一邊」的驚鴻一瞥——那它就有了一層全新的意義。

似曾相識的感覺有兩種。第一種是當你到了一個房子、城市、走在一條路上、在國外、或其他特定的地方，雖然你從來不曾去過，但你突然有一種說不出的熟悉感。有時你甚至發覺你知道路怎麼走。這種經驗最戲劇性的一次，發生在我一九八〇年去肯亞時。事實上，我在導遊告訴我風景名勝的地點前，我就能告訴他怎麼走法，而且我知道這和我身為靈媒一點關係都沒有。這個情形，和所有我們曾經驗的對陌生地方的熟悉感，都源自於我們的靈魂對前世的記憶。我們確實曾經到過那裡，在另一個軀殼，另一個時間。靈魂的記憶通常深埋在潛意識中，所以當這些記憶浮現到我們的意識時，它不僅是神奇，它們更是具有力量、奇蹟式的進入永恆靈魂的一瞥。

這種似曾相識也適用在人們身上。我們都曾有過類似的經驗：初次見到某人，好像對他很熟悉；對陌生人的感覺就像是一輩子的老友一樣。雖然我們可能不是每一生都認識他，但至少有幾世的緣分是跑不掉的。我打賭，如果你深深注視那些在你生命中有重大意義的人的雙眼，並問自己這個問題，「我曾經認識他嗎？」你會很訝異，你很容易就能回答是或否。附帶一提，不要假設你和某人在前世有所關聯，就表示你這輩子對兩人的關係有義務。他們也有可能是上輩子摧毀你，對你有害的人。或者他們上輩子對你很好，但這次卻選擇做一個混蛋。所以你並不需要依賴過去的熟悉感行事，只要當它發生時，注意到它的存在，並認知這種感覺是進入你永恆靈魂的一扇窗口即可。

有些與前世關聯的答案會在我們最料想不到、最不預期時從生命的側門進入。我的一位客戶，瑪格麗特，在一個雨後的下午，沮喪的來到我的辦公室。她一直無法揮散她最近才過世的苛刻、蠻橫又傲慢的婆婆，一直徘徊在身邊試圖嘮叨她的感覺。事實就如瑪格麗特所言，她的婆婆的確一直在她身邊，但並非如她所想，是要挑剔和責備她。相反的，她婆婆是想為生前這些年給瑪格麗特帶來的困擾和痛苦致歉。她回到「另一邊」知道了兩人的前世關聯，透過我的傳達，她告訴瑪格麗特，她們兩人在前世曾是姐妹，但在那一世彼此妒嫉和競爭，結下很深的心結，也一直沒能化解。在瑪格麗特了解了兩人前世的關係，婆婆也向她道歉後，她終於能原諒並在內心與她婆婆和解，獲得心靈的平靜。

第二種的似曾相識感很微妙，但因為太常見了，而且有些瑣碎，以致於我們很少去認真思考它。它是一種對你所做、你身邊的人、周圍的一切、你的穿著、想法和感覺等所有細節的熟悉感，熟悉到你非常確定你是在重新經歷一次以前曾經發生過的片段。這種感覺從不會超過幾秒鐘，而且通常不是什麼重要或有意義的大事。它比較像「我曾經坐在這裡，就像現在這樣看著電視，伸手去拿水杯，水杯一樣在燈檯上……」這種微妙的感覺常常在我們注意到時，情境也過了。我們幾乎沒有，也不會意會到這種似曾相識到底有多奇妙。要了解這種似曾相識的感覺，我們需要多了解人生藍圖。

就像之前說過的，我們的靈魂在為另一世的生命進入子宮前，和上帝一起構築新人生的藍圖。這份藍圖包括了這次新生命的所有重大事件，但在生命發展過程中，我們仍然可以修改、調整它。舉例來說，如果你的生命藍圖顯示，在三十二歲時你會發生一場車禍，你可以將這場原本是致命的事件修改成只是一個小車禍。如果你的命盤清楚顯示在十五歲時有場「疾病」，你也有這個力量控制這次疾病是感冒或是肺炎。或者說，根據你的藍圖，你是個「治療者」，而且這正是你的熱情所在，但你偏偏不喜歡學醫，而且因為成績不及格被退學。這並不表示你在追求內心的渴望時是個失敗者。在這世界上有各式各樣的「治療者」，從社會工作者到哀傷諮詢專家、按摩師、牧師、傳教士以至猶太教會的牧師（或稱拉比）到消防員和其他處理緊急狀況的人士；從好朋友到家庭成員，只要他們是具有同情心的聆聽者，並具備撫慰不安情緒的才能，這些都稱得上是治療者。在我們已設定的人生藍圖中，橫向發展還是有很大的空間，所以請不要將你的生命想像成一條狹窄的道路，沿路只有少數的選擇而已。相反的，這條人生路非常寬廣，像你一樣充滿可能性，只要借助神的幫忙，任何夢想都能成真。

我們在「另一邊」時，在藍圖上曾作了些小路標，這些路標的作用是用來提示自己走在正確的道路上。這些小路標就是以似曾相識的形式出現。由於它們以一種突然湧現的熟悉感衝擊我們，在邏輯上我們會以為是在重新經歷一次類同的今生時刻。然而不是。我們所經驗的是投胎前，在「另一邊」創造人生藍圖時所作的小記號。在這種似曾相識的形式，我們的靈魂強烈的與「我記得我寫的藍圖」的體認共鳴。這個聲音由靈魂所在的潛意識迴響至我們的意識層面。在那一刻，意識和潛意識都收到了我們此刻正與藍圖完美同步的確認訊息。從一個更廣大的層面來說，我們是快速的瞥見了我們在「另一邊」的永恆生命，因為靈魂它一直記得、認知和渴慕著「另一邊」的家。似曾相識，換句話說，並不只是神奇，它也是瞬間的無上喜悅。

巧合

這是和「似曾相識」同樣神奇的時刻，像是奇蹟似的，人生藍圖的路標在你眼前閃動，只是它以另一種普遍的形態出現，而我們不僅記得它，我們還眼見它們發生。由於不了解它們的意義，我們很少去深思這種現象——畢竟，在我們的眼裡，它們「只是巧合」。

譬如說，你一直想著某個人，但好像也沒有什麼特別的原因，突然間，你和他在多年不見後不期而遇。或是你聽到一本書或一部電影，然後你發現周遭所有的人都在談論它。你計畫去英國旅行，突然間，你身邊都是有關英國的消息，你若不是經常聽到別人「正巧」提到英國，就是有人剛從英國回來，你接觸的商店店員、銀行出納和接線生甚至都帶有英國口音，就好像有關英國的訊息不斷朝你湧來。我曾經在西敏寺狗展時看到一種以前從沒聽過和見過的超可愛小狗——比熊。就在我決定一定要養一隻後，每隔兩三個街口我就會看見這種狗在路上和主人蹓達，但我以前卻從沒見過這可愛的品種。

我相信你對巧合一定有豐富的經驗，知道何謂巧合。通常是你有了一個想法，很快的，它便在你眼前成真。或者，更正確的說，你在你生命藍圖的小路標出現之前便先預見了它——這個原因便值得你為自己慶祝，因為它表示你正走在規劃的人生道路上，而且證明了你和靈魂永恆神性的實質連結。

同步性

同步性是和巧合有奇妙關聯的微妙事件，這個詞因為傑出的瑞士心理學家卡爾榮格（Carl Jung）而普及。話說榮格有一天在他的辦公室進行診療，正和病人討論到她所做的有關聖金龜子的夢時，榮格聽到窗子被拍打的聲音，他回頭一看，看到這種被稱為埃及聖金龜子的甲蟲就在他的窗邊。「巧合」一詞已不足以形容一隻千里外的埃及金龜子，正好在榮格談論埃及的時候出現。這對榮格來說，是明確的象徵：神所創造的宇宙並不是隨意、混亂的，而是有規律、完美和模式——或是，同時性的（synchronized）。由這個字榮格創造了「同步性」（synchronicity）一詞。

基本上，同步性是指格外具有意義的巧合，一種奇妙神祕的機緣。就像榮格的埃及聖金龜，同步事件總是涉及一些不容置疑的物體象徵，不僅引導你注意到宇宙的神奇和諧，也提供你具體的實證，證明此時你正是在當初所設定的藍圖上——正在此時，正是與這個人。而與你一起共同撰寫藍圖的上帝，也正向你豎起大姆指，點著頭說：「是的，我與你同在，我正在看著，此時你正與你的藍圖同步，做得好。」真正的同步性並不像巧合那樣常常發生在我們的生活裡，但我們可以隨時留意，在發生時認出它來，它表示你沒有錯過你和上帝間的私人微笑。

夢

當一天結束時，我們入睡。事實上，人生中有三分之一的時間都在睡覺，這是上帝精心計畫的一部分，因為睡眠為我們的靈魂打開了另一個世界，它能滋養、提示和擴展靈魂。在睡眠時，很明顯的，我們的意識暫時獲得休息，（能讓向來喋喋不休的它安靜一下，不是很好的一件事嗎？）同時也讓我們的潛意識——我們靈魂的所在來接管。當然，潛意識表達它自己的主要方式之一便是透過夢境。

解夢的理論數以百計，相關研究也數以千計，但沒有一個能解開隱藏在夢境世界的神祕。我看過、研讀過許多有關夢的書，也做過研究，並教過如何解譯夢的訊息。大體而言，我相信完形（Gestalt）學說很接近真相（完形心理學是德國心理學家發展的一種學說）。根據這個學說，在你夢中的元素都是你的一部分，分離成一塊塊象徵，讓你檢視和努力。

夢可分為三類：釋放（release），意願（wish）和預知夢（precognition）。

釋放夢是你的潛意識將你在意識層面尚未處理和表達的情緒釋放出來。當你的夢和某種強烈的情緒特別有關時——如氣憤、哀傷、熱情、恐懼、混亂、尷尬、困窘等等——你幾乎可確定它是發自你潛意識的訊號，告訴你，是時候在清醒時面對和解決這個情緒了。釋放夢是一個偉大的安全汽門裝置，它們也是很好的幫助工具，引導你注意那些重要而尚未解決的情緒問題。

意願夢就像字面上的意思——有時，也像情歌所說的，夢，真的是當你熟睡時，你的心的期許。多年前，有位已婚的不快樂婦人告訴我她作的夢，在這個夢中，她和勞勃瑞德福獨處。他們在一個華麗的大廳，兩人都是電影大亨小傳（The Great Gatsby）的造型，勞勃瑞德福身穿燕尾服，她則是一襲晚禮服，兩人跳著華爾滋。當她告訴我這個夢時仍是難掩興奮，我挺確定她還懷著一線希望，期待我說「誰知道呢，說不定你和勞勃瑞德福確實是注定要在一起！」但事情不是如此。這個夢的真實意義在我詢問夢中她和勞勃瑞德福跳舞的感覺時便揭露了出來。她回答：「美好、優雅、被愛、被需要、很有安全感。」這些都是她的婚姻所欠缺，而她的靈魂期許的。如果我們不要太依表象來詮釋意願夢，我們可以從中得到許多有價值的洞見，有些甚至是尚未浮現的內心渴望。譬如，有關性的夢，並不一定和性的渴望或是你心底深藏的對某人的吸引有關。它們通常是期待生命中有更親密的關係，但不見得一定是肉體的。一個和新房子有關的夢，並不表示你一覺醒來便要急著將舊房子出售；它可以表示某部分的你期待做些改變。（你自己就代表你的住所，不論你住的是哪種房子。）一個關於生產的夢，絕不代表你應該要懷孕。這個「新生命」可以是你想要實現的一些創意，或是你將發掘出的新靈性的象徵。換句話說，總是用全觀來看待你的意願夢，而不要拘泥在小細節。你會很訝異，從夢中你可以學到許多有關自己的真相和你真正期望的事物。

第三種，預知夢——預測某些未來的時刻、談話或事件。不記得有多少客戶跟我說：「我不能在夢中預測未來，我不是靈媒。」但你不需要是意識上有心靈超感能力的人才可以預測未來。你潛意識的心靈具有驚人的力量，它一直知道你的過去、現在、和未來。別忘了，你的靈魂不僅知道你的生命藍圖，是它，創造了生命藍圖。所以絕不要輕忽你在睡覺時所具有的能力。事實上，在你放棄你能做預知夢的想法前，先試試以下方法，試著做一個月：每次當你記得你的夢，而你覺得它可能是個預知夢時，將它寫下來，放在一邊不要看它，直到那個月過去後再去讀它。如果你養成習慣，如果你有耐心，日後你就會發現許多令人訝異的事發生了。

靈體出遊

你是否曾經夢過逝去的親友，在夢裡你感覺非常的真實，而且跟大多數你曾做過的夢不一樣，這種夢以一種邏輯、有秩序的方式開始，一直到結束。這種情形通常很有可能並不是個夢。它實際上是你的靈魂經由靈體出遊去探望你所愛的人的歷程。

靈體出遊是靈魂在睡覺或深度的冥想時離開身體的情形。你可以在睡前向上帝要求，請祂幫你進行靈魂出遊。它可以有許多用途——拜訪逝去的摯愛或親友、探視想念的人

（不論他在世界哪個角落），如果你有足夠的練習和專注，你甚至還可以到「另一邊」快速的一遊。你所探視的地球上的人可能看不見你，但是如果他們聽見你的聲音，並不是不尋常的事。我有許多客戶和朋友在沉睡中醒來，因為他們聽見所愛的人一直在呼喚他們的名字。如果你遇到這種事，打個電話問他們。通常你會發現，當你醒來的時刻，正是他們想著你或正夢見你的時候。不管是那種情形，都是他們的靈魂藉由神奇又安靜的靈體出遊與你的靈魂接觸。

如果你想透過靈魂出竅探訪逝去的親人，你可以先向你的指導靈尋求協助。請記得，如果你突然去拜訪你的親人，由於在「另一邊」的每個靈魂都是30歲，你的親人看起來也會是30歲的模樣，如果在他們30歲時你並不認識他們，你或許認不出來。藉由你的指導靈的小提示，你逝去的摯愛可以用你熟悉的面容出現，就像他們由「另一邊」來探視你時一樣。也記得要告訴你的指導靈，你想和逝去的人見面的特定地點——比如在公園的長凳、在湖邊、在教堂或寺院等。

你或許會想經驗和他們在「另一邊」會面的情形。如果你有這樣的想法，我強烈的建議你們在那巨大、美得令人屏息的古典圓形建築物——記錄大廳見面。相信我，它真的存在。我曾去過那裡，我曾親眼目睹，也曾有過雙手握著自己生命藍圖的經驗——好與不好的。好消息是，生命藍圖的概念並不是謠傳或美麗的想像。就像在這巨大的建築物內所有其他的手稿一樣，我的藍圖記載在一個優雅的燙金卷軸裡。壞消息是，在我看著手稿的時候，我讀不出任何一個字。我不確定這是因為我不被允許知道自己的未來，所以被限制了通靈能力，還是根本沒有任何人被准許讀取自身生命藍圖的未來事件。但不論你是要求和已逝去的親友在記錄大廳見面，或是要求上帝協助你的靈體順利到記錄大廳一遊，在你入睡前，再向祂提出另一個請求——請祂祝福你，讓你能記得這次出遊的經驗。就像作夢一樣，有時我們從靈體出遊中醒來，卻不記得任何事，或是有些很快速閃爍零亂的畫面，但是我們很快就忘記了。出遊到記錄大廳是個非常神奇的經歷，我保證你一定不會想忘記。

有一次我在出乎自己意料之外，來到了「另一邊」的記錄大廳。這次的經驗讓我想到，在睡覺時我們可以在一旁放置一台錄音機，尤其是在我們要求靈體出遊或是和逝去親友在靈界重聚的祈禱後。這個出其不意的經驗是在我進行催眠時發生的。我是已領有二十五年執業執照的催眠師，我發現催眠不單對我進行前世回溯的研究有很大的助益，它也是我與客戶的潛意識接觸，並獲取許多重要資料來幫助他們的工具。睡覺和催眠有緊密的關聯，因為在這兩種狀態下，我們都可以與潛意識接觸，使用錄音機的概念就在幫助我們記下任何可能遺漏的蛛絲馬跡。

有一次我為客戶進行催眠，在此稱她為蘇珊。我讓她的潛意識自由帶領著她。隨著她的陳述，我發現她的靈體已經離我們所在的房間很遠很遠。雖然我早已學會在催眠時要保持客觀，但我說不出為什麼我對這次的過程感覺特別強烈。我突然有一種奇怪的感覺，好像某件重要的事即將發生。最後我忍不住問：「妳在哪裡，蘇珊？」

她開始描述一個巨大的圓形建築物，一眼望去，有一座接一座的側廊，兩旁是放著無數卷軸的架子。當她描述的愈來愈細節時，我想起這正是我曾去過的地方——她正經過「另一邊」的記錄大廳。

然後，出乎我意料之外，在進行催眠時，我第一次發現我正陪她走在令人震驚，看似無盡頭的卷軸長廊。

我正準備開口，但立刻將話吞了回去——因為任何有關我也在場的談話或問題勢必會引導她的經驗。結果我根本不需要說任何話，因為蘇珊說了：「妳也在這裡和我一起。」

蘇珊邊說話邊帶我穿越華麗堂皇的圓頂下方的記錄大廳，直到我看到一位穿著藍色薄紗的美麗黑髮女子，在兩道走廊的前方朝我們走來。我立刻知道她是蘇珊的指導靈，而且我還知道她的名字是瑞秋。但我仍然不發一語。再次的，蘇珊開口：「有人和我們一起。」

我問她是誰。試著忍住語氣，不帶有興奮。如我先前所言，我從沒有在催眠時一起和被催眠者出遊的經驗，更不用說是這麼真實、立即的靈體體驗。蘇珊回答：「是個女子，她有著一頭黑髮。我不知道為什麼，但我想她是我的指導靈。」

就在那一刻，瑞秋看見我們並呼喊「蘇珊！」我緊閉雙唇，決定讓蘇珊繼續主導。意料之內，蘇珊興奮的說：「妳聽到了嗎？」

我問她聽到什麼？

她回答：「她叫我的名字。」

這真是令人愉悅的一刻。但更興奮的，是事後當我們將催眠的錄音帶倒帶回去聽的發現。我們清楚的聽見在那一刻，我問她：「誰跟我們一起？」蘇珊的聲音清晰的回答：「是個女子，她有著一頭黑髮。我不知道為什麼，但我想她是我的指導靈。」

然後第三個聲音，在錄音帶裡清楚的傳來，「蘇珊！」

這是我第一次聽見靈魂的聲音印記在錄音帶上。但不是最後一次。

滲入——不同時空的匯流

有一晚，我正在出神狀態。我的指導靈法藍欣，透過我向一群人講述耶穌在耶路撒冷受難地被釘於十字架上的故事。現場大約有五十個錄音機同時在記錄，除了法藍欣用我的聲音說話外，現場一片寂靜——任何一點聲響都會中斷我的出神狀態。法藍欣和我不能同時居於我的身體，所以我從來沒有意識或記得她說些什麼。但從我被告知和我事後所聽的錄音帶中，我知道那是一個痛苦和感傷的夜晚。法藍欣敘述耶穌被釘十字架的過程非常真實，強烈到每個人都感覺他們好像就在受難地現場，在十字架前哭泣。

隔天早上我的電話一直響個不停。前一晚錄音的人中有六位，在還沒有互通訊息的情況下，分別打電話來，急著要我聽聽他們的錄音。

錄音帶的內容實在讓人很難忽略。那晚錄音的五十人中，有六位的錄音帶內有令人心碎的哭泣、哀傷的哽咽和啜泣的聲音，隨著耶穌受難的述說，此起彼落。

法藍欣事後告訴我，這是一種稱為「滲入」（bleed-through）的現象；過去和現在被某種強大的力量牽引在同一處交會，合而為一，時間事實上已不存在。不單是那晚在房間的人被「帶」到了兩千年前的耶穌受難地，當年哀悼耶穌被釘在十字架的群眾們也「來」到兩千年後與大家一起，當時群眾的痛苦無疑的被記錄在錄音帶上，然而那晚在出神的現場，除了法藍欣的口述外，並沒有任何一個人聽到任何聲響。

在這個令人難忘的經驗後不久，我在美國東北部進行一個鬼屋的調查。如往常一樣，抵達後，我的研究小組和我便將整個屋子徹查一次，然後我進入一間聲稱有最多不尋常活動發生的房間——只有我一個人帶著我信任的錄音機。我將房門關上，獨自一人在寂靜的房間待上好幾個小時。

當我稍後將錄音帶倒帶重聽時，每隔幾分鐘就會聽到一個像是隻大狗連續不斷的，坦白說，尖銳而又惱人的狗吠聲。

我們詢問屋主、鄰居還有管區警察有關狗吠的事。雖然當晚我自己也沒聽到任何狗吠聲。沒有人知道我在說些什麼。在我所在的房間方圓一哩內，沒有任何狗，沒有狗吠聲，而住在這間屋子多年的屋主也向我保證，他們從沒有在家附近聽過狗叫。

我常會想像法藍欣從「另一邊」注視著我的畫面，她一定常忍不住想，我到底是什麼問題？什麼時候才會停止這個像白癡的舉動，捨近求遠的追著每個人問，到底是什麼狀況？就是不直接向她詢問答案。但是每個和我接近的人都知道，凡事我一定先尋求一個邏輯上合理的解釋。在某方面，我會是你所見過最有懷疑精神的人。當然，最後無處可去時，我還是向法藍欣詢問了有關錄音帶上的狗吠聲。

「那是妳的白色獒犬。」她平和的告訴我。

阿哈！我心想，法藍欣總算說錯了件事。我用非常得意的口吻回說：「我沒有任何白色獒犬啊！」

「妳當然沒有──在這一生。但妳曾經有一世有過，而且牠有時還會跟著妳，保護著妳呢。」

我從沒有懷疑過我們曾經活過許多許多次。只是我仍會像其他人一樣，常常會「一時」忘記。

我可以不斷舉出許多靈魂透過錄音帶磁性的特質，將聲音印記於上的個人經驗，這是為什麼我一直鼓勵你們，睡覺時有一台錄音機在身邊記錄的原因。當你睡覺時，是靈魂最常探訪你潛意識心靈的時候，也是你的靈魂與他們接觸的時刻。

如果你將錄音機放置在你睡覺的房間外，你可能會睡得比較安穩，因為較不會受到噪音的干擾；你身體在哪兒並不是這個練習的重點。為了增加奇妙事件被錄下來的機率，記得向上帝說清楚你的要求，並請指導靈協助。不論你是想藉由靈體出遊到地球上的其他地方，或看望任何人，或是到「另一邊」，也或者你希望逝去親友來探視你並留下你可以聽取的痕跡，只要向上帝請求，並耐心等待。如果在第一天晚上或直到第三十個晚上都沒有任何動靜，並不表示一直不會有事發生。這個練習若是在以前有對錄盤帶設備的年代進行，會記錄得更徹底完整，因為當年錄音帶最長有八個小時。如果你想將錄音時間縮短，你可以訂在清晨3點到日出之間，這通常是靈體最活躍的時候，原因會在「鬼屋魅影」這章中探討。當你要倒帶聽錄音帶的內容時，你一定也有許多事情要處理，不太可能坐下來連續聽好幾個小時。我個人通常是在開車、作家事、閱讀或泡熱水澡時聽這些錄音。有趣的是，即使你預期聽到的是一片沉寂，而且你也正進行其他的事，但只要有任何一絲奇怪，不應該存在的聲響出現，你都會很敏銳的注意到。

只要按下錄音機上的按鈕，你就可以自己領會其中的奧祕。就像這章提到的其他建議，只要對奇蹟和神奇保持開放，你就可以創造出無限的機會和可能性。你的心知道你的靈魂早已知道的事實——神奇和奇蹟就和我們一樣真實，只要我們願意用心注意——它會豐富你的日與夜，最終並轉化你的生命。

發展你的心靈能力

所有書上提到的方式都可以藉由經常性的練習來加強，並提升你的心靈能力。這些方法並不像你以為的那麼神祕或高不可攀。雖然不是每個人都可以成為靈媒，但是每一個人都具有心靈的直覺力。這之間的差異就像一個演奏會的鋼琴家和一個會彈鋼琴的人；只因為你不能在卡內基音樂廳舉行音樂會，並不表示你不能享受彈琴的樂趣。

我被問過不下百次，為什麼不開班授課來教導大家如何更具心靈力。答案是，這將會是史上最短的課。但如果你有興趣，方法如下：

1. 問自己一個問題，沉默或問出聲皆可。
2. 從內心深處，用自己的話，向你自己更高的力量說出任何你喜歡的版本，像是：「看祢的了，上帝。」做為你準備接收更高智慧的信號。
3. 願意去接受第一個收到的回應。

發展心靈的直覺力需要耐心。就算我有四十七年的算命經驗，我承認，我依然會訝異於第三個步驟的困難度，因此當你發現練習進行得不太順利時，請不要灰心氣餒。

我有一次為一位迷人，打扮亮眼的女士算命。我猜想她是個企業主管或任職高級時裝界的管理階層。她想討論她的事業，詢問我看到些什麼。想想看，當我第一個接到的回應是「你有一個昆蟲農場」時，是多難令人接受的答案！更何況我還要大聲的說出來。我的生活和工作向來建立在我的信譽，所以我理應注視著她的眼睛並誠實的說出我接收到的第一個答案，「妳擁有一個昆蟲農場？」雖然這答案令人難以想像，但我憑什麼質疑上帝，所以我還是乖乖的照實說出口。出乎我的意料，她以稀鬆平常的語氣回答：「對啊。」就好像我有許多顧客擁有昆蟲農場似的——然後我們接著討論她轉換事業的可能性。

如果要對第三個步驟有信心，很明顯的，關鍵是要先掌握步驟二。而一旦你訓練自己確定了得到的訊息是來自於上帝，而不是你本身時，你就不需要去合理化答案。只要吸口氣，鼓起勇氣說出來。

一旦你說出口，就要堅守你的答案。猜測在這個練習中是被嚴格禁止的。猜測不具意義，它只是一堆臆測，和上帝無關。我曾經看過一些令人尷尬的場面，有些靈媒硬是要將胡亂猜測的答案拗成對的，結果反而讓自己惱羞成怒。通常在這種情況下，蚯蚓養殖場就會變成「你有一個養蛇場、或鱷魚場、或只是一般的普通農場，但你很怕蚯蚓。」或是為求保險起見，說成「也許你前世有座昆蟲養殖場」。拜託，不要這樣。如果你的答案是「一個蚯蚓養殖場」，就說「一個蚯蚓養殖場」，然後信任它。

你可以自己一人或是和朋友練習這三個步驟，不論你有兩分鐘或兩小時的空閒。只要確定你問的問題的答案是你不可能知道的，然後將答案和日期錄在錄音帶或寫下來，你便可以開始記錄並追蹤你的正確率。提供你一個評估的標準——沒有一個靈媒會是百分之百準確。能有百分之七十五的正確率就已是在一般職業靈媒的水準之上。我的準確率明顯的比這個要高出許多，為此我感謝上帝。再次的，就像你能享受彈鋼琴的樂趣，但你並不需要以演奏為一生的職志一樣，你可以享受發現和拓展心靈力量的樂趣，並在過程中開放你的心，接受上帝所賦予你的巨大潛能。

協同能量作用

當你和別人的力量為了更高的旨意聯合起來，你們可以創造出一種稱為協同作用（synergism，神學裡的神人協力合作說）的能量相乘現象。這種現象加上神的祝福，是世上最偉大的奇蹟和神奇的來源。韋氏字典將協同作用定義為「各自作用力的同時行動，交互聯合的影響，其總效益大於分別作用的總合」。我不知道為什麼這麼有趣的一件事可以被描述的如此無趣。但你如果將「作用力」用「人」取代，然後以「力量」代替「效益」，這樣的解釋就較符合我們的目的。協同作用或合力作用，是分開的人們之間的同步行動，當這個整體力量聚合，會產生遠超過他們個別力量的總和。

假設有一百個人為了共同的目的聚集在一個房間，而從1到10的力量中，我們每個人都有10的信念。簡單的數學就可以算出在這房間的信仰力量的總數是一千。但是有了協同作用的聚合力——所有信仰合併產生的力量——實際上總數會是十萬或一百萬。協同作用會自行相生相乘、滋長力量，產生令人嘆為觀止的結果。

透過協同作用的概念，我成立了我的教堂：新心靈（Novus Spiritus）。它一直在繼續成長，因為我們從未忘記我們最高的目的是為了最高的善。我們共同的目的比我們任何一個人都重要，包括我自己。新心靈並不是那種數千位成員面對我一個人的團體，而是所有的成員和我一起面對神。當我們聚集時，我們的力量遠超過各自力量的總和。新心靈已經從原有的五十人成長到五千人以上，但我們一直謹守一條規則：絕不招募會員或使他人改變信仰。我們只是安靜的，孜孜不倦的幫助每一個人，包括無家可歸的流浪漢。藉著新心靈的協同作用和神的參與，我們完成了超過五千個人所能達成的事；所創造出的神奇和奇蹟已遠超過我們的祈禱。新心靈的信念也組合了古代不同的協同形式，包括了最著名的一種，耶穌和12門徒——13人——形成一種永恆的協同力量。

在稍後的「心靈處方」，我們會討論祈禱鏈（prayer chain），這也與協同作用有所關聯。當我在進行這一章的內容時，我收到一封署名肯的來信。他是末期的心疾患者，他被告知他唯一生存的希望是進行心臟移植手術，但是他的名字遠在等待名單的尾端。透過我的辦公室，他要求被放在助禱名單中。過了一段時間，他寫信告訴我，他的醫生難以置信的說他不再需要進行心臟移植手術了。他的心臟重獲健康。這就是協同作用運作的完美例子；它製造了我們任何一個人不能單獨創造的奇蹟。

請不要認為協同作用一定要在某種宗教的目的下才能進行或是有效。最高的善可以有各種不同的表現形式——從約翰華許（John Walsh），製作了全國性的協同作用形式節目——「追緝要犯」（America's Most Wanted），到慈善機構的創辦者，以至於受害者、兒童和動物的權利保護組織，以及戒酒、麻醉藥物癮君子匿名協會和Al-Anon（譯註：一個專為酗酒人士及其親友設立的服務機構）等等。所有這些組織的力量都遠大於各個部分的總和。每一天，他們都在製造奇蹟。

還記得前面提到的「巧合」的例子嗎？當你計畫要去英國旅遊時，突然發現不管你走到哪裡，你都被英國相關的人事物包圍。神奇和奇蹟亦然。你愈常想到它們，談論它們，去做任何可以創造奇蹟的事，你會發現它們愈常出現在你的生活裡。我希望你的生活也能充滿奇蹟。我真誠的期望透過上帝慈愛的指引，這篇章節能引領奇蹟到你的生命中。

03 你的個人生活：由靈媒的眼中看家庭與情感關係

在我為人們算命、出席演講、聚會以及參加電視節目時，通常大家最常詢問與關心的主題就是「關係」——與家人、情人、配偶和朋友的關係。這些人和我們一起共度人生，在生命中佔有重要的一席之地，和他們的互動深深影響我們的生活。的確，沒有什麼比這些情感互動更能混亂我們的心思，讓我們受挫、帶給我們歡樂，或令我們心碎了。但往往就在我們被煩擾得誤以為這些關係所帶來的困擾折磨遠多過喜悅時，我們去參加了某某人的葬禮，才恍然大悟的發現：當人死後，生者所談論和追憶的，是你在世時的「愛」——你如何愛，又如何被愛——你曾經怎麼愛過。

老實說，「關係」這門課題證明了我對自己的事情可是一點也不具心靈能力。在我私人的生活中，身為一個女人、女兒和母親，我犯了許多錯誤。指導人際關係我或許並不在行，但至少我可以從一個重視靈性生活的靈媒，和所謂的「慘痛經驗」的學習者角色來提供一些看法。我常從客戶們在感情關係上所犯的錯誤，看到自己的影子，所以我的親身經驗應該具有參考價值。

一開始我應該先說明，我完全相信，而且也盡我最大的努力依據「己所不欲勿施於人」這條黃金守則來生活處世。如果我們每一個人都能謹守這條簡單、完美的智慧之語，相信所有關係上的難題都可以永遠解決，一勞永逸，再也不會有任何問題和困擾，就像在「另一邊」一樣。然而，如果在地球的生活真是這麼單純完美，我們也不會需要離開「另一邊」來到人間學習了。我們每一個人在這裡都有要遵循的藍圖，會犯的錯誤，以及要學習的知識；但最困難的部分是要讓生命中接觸的人，因為認識我們而過得更好，而在這過程中，我們並不因而犧牲自己的價值或委屈求全。

在我正式開始這一章前，讓我們先有所約定以幫助你從本章獲益：在情感關係中，請務必誠實面對自己。當一段關係出現問題時，我們總是傾向先責怪他人。但讓我們面對事實，有時他們的確是罪有應得，有時則不然。我們是自己人生藍圖的作者，也是自己行為的決定者。因此，如果我們愈願意為自己的行為負起責任，我們就愈有可能享有理想美好的關係。

靈魂伴侶和同類靈魂

如果你曾在蒙太爾的節目聽過我談話，你可能知道「靈魂伴侶」這個主題一直令我不太愉悅。事實上，我真想找出當初說我們人生的主要目的之一，是尋找靈魂伴侶的那位始作俑者，然後狠狠踢他一腳。

不是的。這不是我們主要的人生目標。

因為能找到的可能性和機會簡直是微乎其微。

就算有可能是真的，在我們這生中所找到的靈魂伴侶，也不盡然就會是你的戀人或配偶。對我而言，在這個地球上最符合靈魂伴侶概念的人，就是我的孫女安潔利亞。

當我說尋找靈魂伴侶只是個神話時，很多人的夢想都幻滅了，好似我將他們最喜歡的童話故事活生生揭穿一樣。我不是破壞夢想的人，相信我。然而，放棄「有個靈魂伴侶在世界一角等著我們去尋找」的想法，反而可以徹底解放我們，讓我們自由。每當我想到許多我的客戶之所以離不開被虐待關係，是因為他們將這種持續強烈的緊繃情緒和想像中擁有靈魂伴侶的感覺混淆時（因為兩者一樣強烈），我總會忍不住的難過。甚至有些擁有美好婚姻的顧客也會哀傷的告訴我，他們人生最大的失敗，就是沒有找到靈魂伴侶。靈魂伴侶這個詞被誤解也被濫用，它成為迷戀、色慾、打野食，以至於家庭暴力等行為的藉口。

如果我們將靈魂伴侶的真正定義說清楚，或許可以有所幫助。

我們都是具有男性面與女性面的靈魂。事實上，在我們多次的生命旅程中，我們都曾經歷兩種性別。我從沒遇過一個人，在每次投胎轉世都是男性或都只是女性。

在我們被創造時，也都有所謂的雙胞靈魂。基本上，這個靈魂的男性和女性面向是我們的鏡子，像是我們形象的反射。這個雙胞靈魂就是我們的靈魂伴侶。我們的靈魂伴侶並不是我們靈魂的另一半，同樣的，我們也不是我們靈魂伴侶的另一半。我們都是完整的靈魂。我也並不認為我只是半個人而已。你真的覺得你只是半個人嗎？老實說，我一點也不覺得一群「半個人」在這世上晃來晃去是個羅曼蒂克的想法。如果我不是半個人，你也不是半個人，那麼我們為什麼要花費一分鐘，甚至一輩子的時間去尋找一個並不存在的「另一半」呢？再說，既然我們都是完整的，找一個「一半」的人又有什麼用？

在「另一邊」時，我們和靈魂伴侶可能比其他的靈體來得親近，但也絕不會像是連體嬰般形影不離。我們和靈魂伴侶各自愉快的追求友誼、探索不同領域的興趣、不同的工作和學習層面。最重要的是，追求我們各自的身份認同。當我們和靈魂伴侶一起時，我們享受最親密的愛——自由、無條件、寬闊和開放，以及只有靈魂伴侶能夠了解與分享的共同認知。

就像所有在「另一邊」的靈體，每一位靈魂伴侶都可以選擇投胎地球。他們可能只來一或兩次，和我的指導靈法藍欣一樣。他們也可能覺得有需要一來再來——這次就是我的第54次，我很高興的說，也是最後一次了。但與永恆相比，54次人生也都短暫得如一分半鐘而已。

談到轉世，這裡有個問題產生了：你覺得你和你的靈魂伴侶同時一起出現在地球的機會有多少？如果在「另一邊」時你們一直在一起，而我們所稱的「一生」只是離開「另一邊」的家的一個快速短暫的旅行，為什麼你會覺得需要找到你的靈魂伴侶？更不用說你們兩個人出現在地球時，還必須是在同樣的年代、接近的地理環境或空間才有可能相遇，還得所謂正確的性別才能組成社會認同的家庭，這些時空環境的配合都是靈魂伴侶神話的必要條件。

所以，請幫自己一個忙，請打消尋找靈魂伴侶的想法，因為你的靈魂伴侶很可能現在正愉快的在「另一邊」等待你回去呢。

別讓自己陷入尋找靈魂伴侶的迷思而飽受壓力和失望。

不要被錯誤的靈魂伴侶的信念誤導，而緊守一段惡劣的關係——只因為你覺得你和靈魂伴侶互屬彼此，即使自己生活在痛苦中。

請不要低估一個良好的情感關係，只因為你覺得沒有「靈魂伴侶」的感覺。

一秒鐘也不要相信，在這整個星球只有一個人是你「命中注定」要在一起的——這是多令人沮喪的想法啊！我可不希望你到晚年時，覺得這一生失敗了，只因為你一直沒有找到根本不在這裡的人。只要你再多忍耐「幾分鐘」，你就會和你的靈魂伴侶快樂且不費吹灰之力的在「另一邊」重聚了。

在你這生中的旅程中，你將會遇見不限數目，與你有緣的同類靈魂——你認識一世或更多世的靈魂。我相信你一定有過這種經驗：與某人初次見面，立刻有一種熟悉感。不管這感覺是好是壞，它就是發生在當你遇見同類靈魂的時候。有時這種立即的熟悉感是來自於某輩子的相處經驗，可能是朋友、戀人、配偶或是家人的關係。

也有些時候這種感覺會讓你想逃開，離得愈遠愈好。我有位顧客嫁給一位她確定她曾在前世認識的人。她是對的——在某輩子，他是將她以女巫罪名處死的人。在這世中她一直試著說服他，她是個好人，而她也的確是。但他仍然一再要證明她不是；他總能找到理由否定她做的每一件事。

這個例子將我們帶到因果的主題，另一件令我惱怒的事，因為它被錯誤的解釋，導致很多人經歷許多苦痛，只因為他們以為這是他們的因果報應。在我剛才提到的例子，有些人會說這是我顧客的因果或業力，她必須要一世世經歷直到她的行刑者宣告她無罪為止。但我覺得這真是荒謬。為什麼她要將好幾輩子都浪費在悲慘的生活，只為了要這麼一個人宣告她是可被接受的？這絕不是因果的運作方式。

所有的因果都表示「經驗的平衡」。當你在「另一邊」撰寫你的藍圖時，你知道你從前世的磨練中學習到的課題，據此你安排並規劃新藍圖，決定你這生所需要體驗的經歷。它並不是硬加在你身上的。是你自己選擇了它，而且是基於你這生的目標，你所需處理解決的問題。

因此，儘管有些人認為我顧客的因果是要贏得那個人的認可，我可以有很足夠的理由反駁，說她的因果是要學習直視著那個人的眼睛，告訴他：「誰在乎你怎麼想！」

我相信當一些可以使我們的生活更豐富、更具靈性的概念變得太複雜與迂迴時，就失去了它原本的用意。如果你需要一個簡單實用的方式來使用「因果」這個字，我全心向你推薦這個。有一次我在雜貨店買了三樣東西，等著排隊結帳。排在我前面的女士有整車的東西，她注意到我手上只有少少幾樣，便要我站到她的前面先結帳。我告訴她我不趕時間，而且怎麼說她都比我先到。

她回答：「請在我前面結帳，我需要這個因果。」

很公平很好的理由。於是我向她道謝並接受了她的好意。

這是一個對因果的健康態度，而且是我們可以實際應用的。我很感激她的行為，不單是因為她為我在店裡省下了一些時間，也因為她用一種簡單、實際、人性的方式來運用因果這個字。因果一詞常被誤解，有時造成的弊反多於利。

因此當涉及感情關係時，請不要太陷入因果或靈魂伴侶說法的糾結。我知道，能第一眼就認出你在某一世認識的有緣人，是件很浪漫的事，但想想我那「女巫」客人的悲慘婚姻。更進一步的說，認真想想你這一輩子認識了多少人——不僅是你熟悉親近的，還包括你知道但交情不深的人，將這個數字乘上你在地球所有的人生次數。如果你不知道你投胎了幾次，可以使用我的參考——54次。再加上你在「另一邊」認識的靈魂，這些你可能還沒有機會和他們在地球相遇（保守的說，可能有上千），這麼計算下來，你就會發現，你在這生和似曾相識的靈魂相遇，並不是那麼令人訝異的事。如果你沒有，那才比較奇怪。

我和幾位相識好幾世的人很親近。也有些好友是我在前世不曾認識的，所以當你初見某人而有一種熟悉的感覺時，讓自己認知到這點是很好的，因為讓你的心靈直覺保持警醒是件好事，但請不要因此將這種前世的感覺或經驗，當成「接受／拒絕」新朋友的標準或依據。有些前世認識的人今生與你再次交會，只是生命要確認你已學會與他們保持距離。

除此之外，不論有多少人是你早已認識的，我保證，總有些人雖然和你沒有共同的前世經驗，但是他們一樣有趣也絕對值得認識。

在「生生世世」那一章，有個練習可以幫助你發現和探索你的前世。基本上，這個練習從回憶五年前的一些印象深刻的日子或細節開始，然後回憶十年前，慢慢的回溯到出生前，回溯到這世的前一世，再前一世，再前一世　你可以繼續下去，如果你願意的話。你也可以使用這個練習發現你和某某人的前世關聯。在開始回溯前，向自己、上帝、你的指導靈說明探索的目的——發現某個你有似曾相識感覺的人和你在前世的關係。一直往前世回溯，看你是否能找著。他們可能看起來跟現在很不一樣，可能是不同的種族、不同的性別、不同的國籍、和你之間有完全不同的關係別——這些都不是問題，因為你的靈魂會立刻認出他們。

如果你沒在前世找到，也沒關係，這並不表示你覺得你曾認識他們的感覺是錯的。這只是表示你這次沒有連上線。如果你找著他們，在那裡待上一陣，看看你們之間有些什麼事發生。你們彼此間是什麼關係——朋友？戀人？配偶？父母和子女？手足？敵人？當他們出現時，你有些什麼感覺？安全？被愛？害怕？被威脅？氣憤？被激怒？快樂？哀傷？

虛弱？他們是你期待再看到的人，或是迫不及待要離開的人？在前世的關係中，是否有任何好或壞的互動模式，和你們現在的關係相似？

認出情感關係模式——這一世和過往的幾世——是我們能給自己最困難，但也最具啟發性和解放心靈的任務了。它需要我們誠實的面對自我並保持客觀，老實說，這可以是痛苦且令人尷尬的探索。但是很值得。一旦我們了解到感情關係並不是一種隨意發生的事件，而是我們自身行為模式的結果，我們可能因此重新獲得屬於自己的力量和控制感。這個認知可以提醒我們，自己才是生命藍圖的作者，然後朝向打破不符合我們利益的模式，勇敢跨出第一步。

我很喜歡兩個關於行為模式的說法。一個是「一再重複同樣的行為，卻期望有不同的結果是瘋狂的。」另一個比較簡單但同樣真實，「當你做同樣的事，你得到同樣的結果。」

說實在的，這是不是比「我處在這個不快樂的關係是因為這是我的因果。」的說法要來得合理多了？

我們都認識（通常也很羨慕）一些人，他們的行為模式將他們帶往成功、快樂、平和的生活，他們也通常享有理想的情感關係。我們可以說他們比我們幸運，但更正確的說法應該是：他們已經接受行為與結果之間的絕對關聯，願意為了改善關係而努力，並負起了全部的責任。對他們來說，「當你做同樣的事，你得到同樣的結果。」是個好消息，因為他們一直堅持這點，也拒絕和稀泥。

如果你對你現在的情感關係並不滿意——我指的不只是與戀人或配偶，還包括友誼——現在是好好看看，審視你身邊的人，再好好省視自己的時候了。因為不管我們有多討厭承認，事實是，我們都不能否認，在我們生命中的每一個人，都是我們自己選擇讓他們進入的。

你是否讓你周圍環繞著這樣的人：

* 讓你覺得自己很好或自己很差勁？
* 比你強壯？或比你脆弱？
* 經濟狀況比你好？或比你差？
* 教育程度比你高？或低？

＊傾向控制你？還是被你主導？
＊有較多較為成功的人際關係？或少？
＊就業情況與紀錄比你好？或比你差？
＊對於誠實，正直和承諾的標準比你高？或低？
＊跟他的家人有親近的關係？或是比你和你家人還疏遠？
＊對靈性的追求比你活躍？或不及你熱中？

誠實的對這些或類似的問題作答，可以幫助你認出任何你可能在這生或連續幾世重複的行為模式。勇敢為這些行為及結果負責是除去負面模式的第一步，再學習用健康的行為取代，謹慎的挑選那些你願意讓他進入生命中的人。

從我個人過去的錯誤和我為數千位顧客算命的經驗，我體認到，大多數的人買輛車子都比選擇朋友或伴侶來得謹慎和小心，考慮更多更周詳。我們絕不可能只因為喜歡一輛車的外型便連價錢、里程、性能都不多加詢問便買下來。可是我們卻都見過，或有過這樣的一段關係——一時衝動就買下，心想花些錢整修，但事後卻證明所付出的一點都不值得，花再多心力和金錢都無法修補。

這是為什麼我很相信談話、溝通和觀察一個人言行的原因，尤其當你正要投入一段親密的感情時。但這個「觀察期」必須在你陷入那迷戀的「短暫瘋狂」的階段前（通常為期三個月），也就是在你還保持些清醒和警覺的時候進行。

所謂觀察期是藉由詢問自己和／或對方一些直接的問題，來發現你邀請進入生命中的這個人的特質和個性，幫助自己對他有更多了解的一個簡單程序。你可以從前面的問題開始，也可以增加你想問的其他有關價值觀的問題，並依照你對事物的優先順序排列。注意答案，更要注意答案是否吻合那個人的行為。如果他們的言行有任何不一致，不要管他們說什麼，要以他們的行為為準。

我知道這聽起來很簡單。我也知道我們很容易就會忽視，或為對方的言行不一尋找藉口。有時我們就是會傻呼呼的不疑有他，因為渴望愛和被愛是我們的天性（拜荷爾蒙之賜）。但是如果一個聲稱自己年薪百萬的人跟你借錢，就是件奇怪的事。或是當你們還不很熟悉時，就故作輕鬆找理由問你的經濟情況。如果某人聲稱誠實很重要，他就不會對你說謊或總是推托。而某個自稱信守承諾的人就不該欺騙。某人若自稱對靈性追求有興趣，就不會虐待動物和小孩，因為小孩和動物都是上帝純潔完美的造物。

如果某人說他愛你，就絕不會故意貶低你的價值、虐待你或試圖控制你。相信我的話，我是過來人。

家庭暴力

這個主題看起來跟我們談論的靈魂永生和「另一邊」對這一生的影響沒有什麼直接的關聯。但我相信這本書裡，有許多心靈和靈性上的觀念、技巧及練習，可以提供必要的幫助給正在暴力關係中受苦掙扎的人們。這是因為我本身在成年階段早期，曾經歷過身心與情緒嚴重受創的被虐關係。

心理學家大概會很有興趣分析我的狀況——一個虐待狂的母親，一個令我崇拜的父親

（父親對我的肯定是我孩童時期安全感的唯一來源），再加上我一直努力克服的慣性模式——對於那些助我掙脫苦海的人，我總是將對他們的感謝誤以為是愛情。

與其述說我是如何捲進一段受虐的關係，還不如以靈媒和暴虐生還者的雙重角色，和你們分享我如何脫離這種關係，以及我從家庭暴力所學到的來得有價值。（你們絕不會聽見我稱自己為受害者。）只要我說的任何一點，能夠幫助一位受困在淩虐關係的人，鼓勵她（他）往大門的方向勇敢踏出一步，只要能幫助一位，我對本書的期望和祈禱便算有了回應。

我是在跟每一位受虐的人說話。男性與女性皆然。虐待是一種暴行，不論受虐者是男性或女性，都無法令人接受。

我生命中的家庭暴力事件，發生在很久以前，當時司法系統還沒有將家庭暴力納進介入處理的範圍。那時我是個學校老師，有兩個小男孩。那個年代沒有求援的電話熱線，也沒有被毆打的婦人庇護所，打一一九就好像誤撥到查號台一樣，沒有任何助益。說這些並不是要博取你們的同情，顯得我有多可憐，而是要告訴你，我知道要脫離一個受虐的情境有多困難——但我也確定，脫離這段關係是我這生所做的最重要的事。某天晚上，在一次激烈的爆發後，他氣沖沖的出門，他一離開，我立刻將小孩裹暖，什麼也沒帶，頭也不回的離開。從那天起，我們再也沒有回去。我和我的孩子在一處等待重整的廢棄房子住了一段時間。在孩子的記憶裡，那是一個好玩、快樂的地方，因為我們三個人安全且自由的在一起。

我之所以能掙脫被虐的環境並從此遠離，是得助於一些靈性的洞見和工具，它們幫助我鼓起勇氣，並帶給我力量。在後面的章節我們會討論教派，希望有助釐清這些教派的真相。邪教教派和暴虐關係有許多相似的地方。它們的勢力都是藉由孤立和隱祕茁壯。孤立和神祕使得這些教派能控制人們，加深成員對他們的依賴，並藉此有系統的讓教派成員或受虐者無處求援。在邪教和暴虐關係中，都要求人們遵循他們自我宣稱的上帝，他們設定了所有的規則，不論是否公平、合理或是符合全體利益。他們的體制不民主也絕對不會改進，因為如果平等與公平存在的話，邪教和暴虐關係就會瓦解。為了維持優越感的幻象，邪教的領導者和施虐者必須不斷的矮化成員／受虐者，強化他們的不足，並持續不斷的威嚇他們：如果質疑領導者聲稱的上帝的權力，成員就會受到懲罰。通常在一開始的時候，他們大都以諂媚、討好、誘惑和欺騙的方式。邪教的領導者讓成員覺得他們是「被揀選」

和具有「特權」，才能成為他們的一份子，而其他人若不是太笨就是太膚淺、不夠聖潔，才不了解他們的教派；施虐者慢慢的、一再的灌輸受虐者一個訊息：只有施虐者才是最愛受虐者的人，所有的一切作為都是為了受虐者好。當外人為受虐者擔憂，並批評這段關係時，邪教的領導者和施虐者會歸之於外人的妒嫉，認為這不關其他人的事。而所有在教派／感情關係中產生的混亂、不快樂和挫敗，都是成員／受虐者自己的錯。如果他們安靜且乖乖的順從，一切都不會有問題。成員／受虐者被「灌輸」服從等於生存的「程式」。「灌輸」絕對是正確的字。一般人很難說服受虐者相信，維持這樣的關係對他和小孩會有致命的危險，就像試著告訴天堂之門教派（Heaven's Gate）的成員，在海爾波普彗星的後面並沒有飛碟等待他們集體自殺一樣。在邪教和暴虐關係兩者，從一開始的諂媚、欺騙、引誘你進入，到運用傷害、威脅、恐懼的技倆讓你陷入孤立無援的地步，在整個過程中，沒有一刻是為了你和你孩子的利益。及早認清這點，可以讓你免於陷入多年的悲慘生活，甚至救你一命。

在第七章「黑暗界」的最後，我列出了一些保護工具。我每天都使用它們。我也推薦每個人每天都能運用，尤其是在精神和肉體受虐的人。這些工具可以保護你，並且提醒你：你是上帝創造的具有神性的永恆靈魂。當你真正體認到身為上帝子女的神性時，你就不會任由自己忍受任何一秒的不尊重，更何況是虐待；因為貶低你的價值便是貶低你內在的神性，這是褻瀆神聖，你不需要接受這種對待。

通常在一段虐待關係裡，有兩種錯誤的自我在運作。別忘了，自我的意思是「我是」（I am）。任何人的自我或「我是」如果是完整和健康的，就沒有需要去控制、操縱或欺凌他人，或藉由削弱別人的力量來助長自己的勢力。一個施虐者的自我是非常脆弱和不健康的，他們必須從比他們更脆弱、更容易受到影響的人身上偷取力量。

從另一方面來看，受虐者通常也陷入一個錯誤的自我陷阱；在其中，他們熱切的希望「贏」，不計一切，以他們的尊嚴、自重、理智和安全，甚至自己的孩子為代價。因為他們已被蒙蔽，看不清事實真相。「勝利」在他們心中代表「你總有一天會改變，會尊重我，你將會愛我，你會因為我不計一切和你在一起而補償我！」但問題癥結是，行為往往比言語更有力。當你告訴某人他們必須改變，而你卻還停留在他身邊時，這意味著「我並不是真的這麼想，你一點也不需要改變，因為我人依然在這裡。」告訴某人你需要被尊重，同時你又繼續忍受一再的輕蔑，你的行為等於告訴了對方「你可以隨你所願的輕蔑我，我一點也不介意。」告訴某人你需要被愛，而他們的每個行為卻都違反愛的真義時，你等於是告訴他們，沒關係，如果他們不想愛你，你一點也不期望被愛。當你以為你所承受的一切都會被彌補時——為什麼他們應該補償你？當沒有任何事情證明你所容忍的是那麼難以承受？記得，所有你「接受」的，你都在聲言這是「可接受」的。

當我有一次發現自己「錯誤的自我」仍想有「贏」的念頭時，我便和「我是」以及我的神性中心連結——還有我那兩個值得擁有，我為他們提供安全和快樂的家的可愛孩子的神性中心——我立刻領會到有一個方法可以從此一勞永逸：我放棄。基本上我在心裡跟我的施虐者說：「恭喜你，你贏了。都是你的了——房子、車子、停車位、這堆虛幻的錢，所有的一切。我不玩了。」我帶著兩個孩子離開，再也不回頭。可以確定的是，當我拒絕再玩時，遊戲停止了，所以在某個令人滿意的層面而言，我確實是贏了。除了我兒子和我們身上的衣服，當然，我也帶著我的「我是」和我的力量離開，這反而將施虐者置於沒有自我、喪失了力量的局面，因為他的力量來源就是被他虐待的人。他乞求我回去。但那時我已明瞭，他要的其實並不是「我」；他並不是要我回去，他要的是從虐待和壓制我所得到的錯誤認同感和成就感。他想念的是這些力量。但他給了我很好的理由不再回去；我只需要提醒他，他曾如何讓我覺得我是毫無價值、愚蠢、笨拙、無能和瘋狂，因此我不會懷著夢想要他容忍和我這麼一個，對他而言，不值得的伴侶多相處一分鐘。猜怎麼著——他說他從來沒有這個意思，他之所以說這些只是因為他心情不好。我的解讀：他根本是個騙子。不，謝了。他不配我，也配不上我兩個孩子。我怎麼可能讓小孩在一個沒有尊嚴、尊重、和誠實的家庭中成長？

上帝創造我們並不是要我們過悲慘的生活。我們在人生藍圖中之所以寫下「不幸」，是為了去面對與克服它，並不是一味忍受，甚至鼓勵這種行為。在「另一邊」並不會舉行典禮，頒發獎牌給受難者。我們要對自己的藍圖負責，也要為小孩提供一個安全的地方依藍圖發展，而施虐者也要對他們的藍圖負責。你試著改變或「拯救」他們，就表示你擔負起他們的藍圖和人生目標，這也代表你輕忽自己的藍圖。事實上，當你接受他們的虐待，你實質上是在延誤他們的進展。如果他們將做為一個施虐者寫入他們的人生藍圖，這就是他們這生要克服的負面性質。所以，如果你真的想幫助他們，就讓他們開始克服人生功課。換句話說，為了你自己和他們的好處，要對暴虐說「不」，並且離開那個環境。一位朋友、家人、一所教堂、教會或寺廟、醫院和警察局——總有一條逃生的路。有一些溫暖的庇護所提供給受虐的人，不論男性或女性，都可以為自己及孩子找到安全的地方。你也可以打慈善機構或政府單位的協助熱線，如果你或你的小孩身受精神或肉體的威脅傷害，請一定要打電話求助。停留在一個暴虐的環境表示你放棄了自己，也表示你放棄了心中的神——儘管祂從未放棄你，也絕不會棄你不顧。

尋找Mr. or Ms.Right

就如同我在一開始說的，感情關係可以為我們的生命帶來同等的喜悅和憂傷，治療和痛苦。

你可能聽過這麼一句話：愛愈追愈遠；如果你真的想要找到新的愛，停止尋覓。這話有那麼一些道理。

我們都是心靈的海綿，接收來自周圍的人的脈衝、能量和訊息。不管我們稱此為直覺、第六感或只是奇妙的感覺都可以，這些甚至是他人還沒開口說話，或往我們這邊看過來之前，我們就收到的心靈印象。

但我們常忘了我們同時也是心靈訊息的發送者，將許多能量和脈衝傳送給四周的心靈海綿。你並不需要一位通靈者告訴你，當獵物感覺到獵人就在周圍時，牠們會怎麼做。任何麋鹿和兔子都可以證明我說的——牠們會立刻逃命。

我並不是因此建議你守株待兔「反攻為守」，就此翹著二郎腿等待生命中的Mr. or Ms.Right從天上掉下來。你應該做的是把握、珍惜、和歡慶你生命中現有的愛——你的朋友、家人、甚至寵物——然後學習信任在你來到人間之前所計畫的人生藍圖，同時也信任上帝，祂會讓該發生的發生。我們實在不需要心急不耐的去強迫製造某些經驗，更不要自以為我們比上帝還清楚自己的需要。在本書的最後，你會看到一列肯定詞。你可以每天使用，隨你喜好。但它們並不是在你無所事事，等待真愛時應用。它們是在你每天充實生活之餘，持續的提醒你，你擁有直接傳承上帝的神性與永恆的靈魂血統。你愈學著去感謝、去尊重，去愛那居於你內的神性本質，你這一生將愈快領會、發現、和掌握維繫快樂關係的祕密：

在這世上沒有其他的關係
能像你和自己的關係般
提供如此的安全感、舒適和平靜。
學習和自己共處，喜愛和自己共處，
其他的人自然就會被你吸引。
畢竟，沒有人想要錯過這麼一段好時光。

家庭成員

在第一章我提到過「選擇線」，這是我們在撰寫藍圖時，為自己所挑選的挑戰。人生一共有七個「選擇線」——家庭、社交生活、愛、健康、靈性、財務和事業。

我選擇的「選擇線」是家庭。這基本上表示我可以在一次算命中便指出有關你家庭問題的癥結，但它卻花了我六十二年的大半時間試著釐清我自己的家庭問題。

我一直試圖將這個奇異、複雜的親近團體，嵌入我想像中的「正常」家庭的模子，因此我常故意對一些事情視而不見——關於生命和家庭的事實。然而不論好或壞，「家庭」，無論如何，仍是由人所組成。我已慢慢正視這個事實了。至少我學到，沒錯，我所知道的有關人的種種，也同樣反映和適用在我的家人身上。

我所知道的是，每個家庭的每一位成員，包括我在內，來此之前都各自撰寫了一份藍圖。我們都選擇了要跟彼此有所關聯。因為藍圖是我們來此學習的詳細地圖，所以在每一個家庭關係裡，一定有許多挑戰和課程有待學習，要不然我們也不會選擇他們做為我們的家人。我們可能不會喜歡每次的課程，或是感激那些我們選擇將人生功課帶給我們的人，但我們可以盡可能的善用每一次機會，並感謝他們所教導的功課，因為這次做對了，就表示我們不需再回來重新經歷一次。

家庭成員之間應該要彼此禮貌對待，但就如同我們生命中所有其他的關係一樣，信任和尊重必須要靠贏取，滋養並用心維護。「血緣關係」並不表示某種「特別的命定或天意」。它甚至也不表示你們必須要喜歡彼此，或是一定要和對方特別親密。事實上，我自己常常會忘了這點。儘管我知道我的兩個兒子有各自的藍圖規劃和課程要學習，我仍然會一廂情願的對兄弟間的關係存著美麗的想像——兩兄弟焦不離孟，孟不離焦，永遠勾著肩搭著背，同甘苦共患難，彼此是對方撫慰的靠山。

可是，在他們成長的過程中——除了我之外——每一個人都看得出來，他們並不是那麼喜歡彼此。他們所有的共同點就是我、他們的親戚、童年時一起住過的地方，以及他們的身高。除此之外，他們的目標不同，興趣不同，兩人有不一樣的氣質，不一樣的個性。但我基於自己的需要、期望和想像，拼了命試著湊合他們兩人，非得要他們喜歡對方才肯罷休。如果不是他們各自將我悄悄的拉到一邊，溫和的告訴我，假使他們兩個人都參加了同一個聚會，但互不認識對方，他們也絕不會在一起交談上五分鐘，因為兩人沒有共同的興趣和話題。最重要的是，他們兩人對這個情況一點也不在意。我才是那個為此輾轉難眠的人。

在我那次瀕死經驗的過程中——大手術過後，心跳停止，我在隧道裡喜悅的迎向上帝的白光——我的心很清楚的知道，我那兩個兒子會走出哀傷，他們可以處理的很好。我當時根本不在乎他們會是在一起互相安慰，還是各自面對。回想那次經驗，我學到我們永恆的靈魂，一直，也確實知道，每件事都會完美的運作，在作祟的是我們那瑕疵、虛浮、自負、頑固、和自私的心智。

在我終於學會接受我的兩個兒子是完全不同、獨特的個體，他們有權決定對待彼此關係的態度時，我的家庭生活從此變得平靜多了。我和他們個別的關係就像他們兩人一樣，非常不同；但我同樣珍愛他們。身為他們的母親，我期望他們互相尊重，以禮相待，和平共處。如果做不到，那就與對方保持距離吧。同樣的，做為母親，我的靈魂在他們出生時就承諾了他們的靈魂，我會尊重、有耐心、了解並支持他們所撰寫的人生藍圖，就如我期望他們尊重我的藍圖一樣。畢竟，我的藍圖裡並不見得比他們少幾個錯誤。

家庭的複雜性還不止於此。就和我們遇見的其他人一樣，我們並不光是帶著藍圖，混合著來自雙方家庭的遺傳基因來到人間，我們還帶著各自獨特的前世經驗和情感。如果你曾經仔細注視某個和你有血親關係的人——包括你的小孩和父母——然後你懷疑，怎麼兩個身上流著同樣血源的人竟如此不同？答案就在這裡：每一個人的靈魂都曾經來過人間許許多多次，每次都有他們的藍圖和人生所要奮鬥、學習的課程，每個靈魂因此都有許多不同人世的經歷和接觸的面向，當你這麼認知時，想想看，這生你和每個有血親關係的人正巧有共同之處的機會將是多緲茫？

遺傳學在我們的身分扮演著很重要的角色，它並不是遺傳基因中偶發的一連串行為，而是基於我們藍圖的設定。當我們在構築藍圖，選擇我們的父母時，我們也選擇了將為我們奠立、完成此生任務的遺傳基礎。不論你如何看待你從父母雙方遺傳的身體、心智、情緒和生理的品質，你要感謝和責怪的都是你自己。不論你現在覺得如何，都要記得，你之所以如此選擇一定有你的原因。

在你的家庭中有你的同類靈魂——你在其他轉世認識，且有過好與壞的互動關係的靈魂——是很有可能的事。也有可能你和其他家族成員在這一輩子是第一次見面，但這並不會影響你們此生關係的意義和重要性。它只是解釋了困惑你許久的一些互動模式。譬如，你和某人比較容易溝通和感應；對某人你有一種說不出，無法解釋的不舒服和不信任感或是憤怒；或是相處時有一種清新感，沒有負擔；感到一種特別深沉的安全感和舒服；感覺對某位親戚特別熟悉；或是不管你怎麼努力嘗試都建立不了深厚的關係，就好像你是被期望要與一個跟你長得很像的陌生人建立深厚的關聯。家人的互動還有很多種的可能變化，但都出於很簡單的原因——雙方之間具有或沒有前世關係的情形，發生在每一個家庭。

在這本書裡，你會看到一些有關我的客戶和他們家人間的前世關係，還有我個人的。但這裡有一個知名人物的例子，愈仔細想愈會覺得有道理。這是我收到的心靈訊息，我也和法藍欣確認過，那就是比爾柯林頓和希拉蕊柯林頓曾經有一世是兄妹的關係。不，這並不會使他們此生的關係因而不倫。我和我的孩子克里斯多夫有一世是夫妻。這也不表示，我「生」了以前的丈夫。（要這麼說是很牽強的。）在轉世中，是兩者之間的心靈連結持續進展和演化，而不是特定的關係別。

即使同樣的關係別一再重複，它也是象徵學習、成長和擴展的機會。我有位顧客，喬，他感覺自己很無助的陷在婚姻的泥沼裡。他承認他之所以仍維持這段婚姻，並不是出於愛，是因愧疚而沒離開他太太。他並不快樂，覺得她太太也是如此。他常有離婚的念頭，但每當這樣想時，他就會被一種無法解釋的罪惡感籠罩，他無法想像如果他真這麼做了，他要如何面對自己。不需要我的通靈能力，我都知道，沒有一個感情關係的維繫是可以建立在罪惡感之上，這種感情不健康也不值得延續。但我確實也用我通靈的天賦發現了癥結。他和他太太在某個前世曾是夫妻，當她被診斷患有末期疾病時，喬並沒有在她身邊守候到最後，反而為了另一個女人離開了他生病的太太。發掘出喬的罪惡感的真正原由是來自前世，幫助他釋放了這種情緒。當我兩年後再看到喬時，他欣喜的告訴我，他將要和一個他很愛的女子結婚，而他的前妻也已經有一個美滿的婚姻。

因為前世關係的連結而有／或沒有情緒上的反應都是很自然的事。不論是那種情況，都值得你花些時間去使用本書提供的訊息，了解你家庭的互動並找出和諧的解決之道，而不是將前世不好的經驗當做宿仇或怨恨的藉口。

你如果問我，當有緊急狀況時，家人是否應該凝聚、團結在一起？是的，我絕對相信如此。雖然我有很好的理由，不想和我的母親有任何瓜葛和牽扯，但當她需要時，我會盡一切力量使她盡可能舒適並得到妥善的照顧。同樣的，如果有任何危急情況發生，我的兩個兒子也會在最快的時間，在對方的身邊給予支持。畢竟，榮耀一個家庭的連結是我們本質的一部分，也是激發我們一開始選擇這個特定的家庭的一項挑戰。

這些道理同樣適用於認養家庭。如果你在你的藍圖寫下出生於某某家庭但又被送給其他人家，這一定對你的性靈成長有重要原因。我們必須要停止使用「真正」的家庭來形容血緣遺傳上的關聯，因為它暗示一個認養家庭「不是真正」的家庭，在大多數的案例中，這都是不確實也不公平的。

我希望在榮耀家庭連結和令人困擾的「虧欠」概念間作個明確的劃分。「我們是一家人，所以你欠我的。」這個想法太常被濫用，就跟「我可以對陌生人比對你還好，但你必須諒解，因為我們是一家人。」這種說法不是很愚蠢嗎？但我們或多或少都曾經這麼做過。我們都曾和父母、配偶、兄弟姐妹有過嚴重的爭吵，比如說，在超市停車場失去理性的爭執互罵，然後又對超市結帳的收銀員特別有禮貌，因為我們不會想去冒犯素昧平生的人。我必須要說，這實在是「反其道而行」。我的意思並不是我們要對家人友好，然後儘管去欺負結帳的收銀員或是外人。我的意思是，將你最好的行為舉止，而非最惡劣的態度，用來面對你個人所選擇的此生的家庭成員，不是更有點道理嗎？

孩子的前世記憶

當你每次注視一個新生嬰兒或剛學走路的小朋友時，記得在那小小的身軀裡，住著一位智慧、完整、有經驗的靈魂和一個地球上最具心靈能力的靈體。因為他們才剛從「另一邊」離開，他們通常對自己的人生藍圖、指導靈、天使們以及前生，仍然有著相當鮮明的記憶。

我聽到許多人在聽到這種事時會說：「我不相信，這太怪異了。」你知道我認為什麼才是怪異嗎？相信小嬰兒們是一片空白的來到這裡。如果真是如此，為什麼小孩子生下來就會對一些諸如火車、革命戰爭、海洋生物學、或船艦、或醫學、或考古學、或任何他們從未有機會接觸到的事物感到興趣？也有些孩子生下來對某些事物就存有恐懼，譬如：高度、水、幽閉的空間、或蜘蛛、或打雷，然而在他們身邊並沒有人對這些事情感到害怕，因此他們不可能是從旁人學習到這種恐懼。為什麼「平凡」父母會生下天才兒童，在藝術、運動、或音樂方面有驚人的成就？為什麼？老實說，和前世經驗比較起來，這種歸之於隨機發生或宿命的概念，是否更讓人難以接受？

在下一章「生生世世」中，有我孫女安潔利亞對前世做為我祖母艾達的許多清晰記憶。請不要假設這是在像我一樣鬼魅的家庭才會發生的「僥倖」。許多我接觸的顧客都提到他們的小孩曾說過類似的話：

＊一個五歲大的孩子在她媽媽做了他喜歡吃的食物後，開心的對她說：「妳是我所有過的十五個母親中最好，最棒的了。」

＊一個六歲大的女孩在被父親責罵時，無法抑制的笑。她父親問：「究竟是什麼事這麼好笑？」小女孩說：「還記得當我是爸爸，你是兒子時，我也是像現在這樣對你吼叫！」

＊一對父母帶著他們四歲的小孩第一次健行，他們來到一座橫跨小溪的橋，這個小孩在橋前停了下來並驚慌的說：「噢！不！這次我可不要過橋了！」就這對父母所知，他們的小孩從來沒有見過這種橋，更不用說過一座橋，他甚至不知道橋是什麼！

我在我的辦公室聽過成千的這類故事，通常這些父母都會尋找各種理由解釋，從做夢，到電視，到受到早熟的玩伴影響，及「過度想像」等等原因來合理化這些孩子們自發性的談話。他們列下所有的可能性，除了最合理的那個——前世經驗；即使這些父母自己也都相信靈魂超越死亡存在。其實你的小孩只是證實了你早已相信的事罷了。為什麼還要瘋狂激動的去找其他的解釋呢？然後這些父母都很想知道，再遇到這種情形他們該如何回應？孩子是不是還會再有類似的奇怪話語？我通常會問他們怎麼回應。冷不防的被我這麼反問，他們會沒有戒心的坦誠回答，答案通常是由「夠了！」到「閉嘴！你讓我毛骨悚然。」或是「如果你一直這樣講話，大家會以為你瘋了！腦袋不正常！」大約只有十分之二的父母認知到這是一個奇妙的好機會，可以藉此發掘小孩的靈性和前世的記憶，因此更不用說和小孩聊到「另一邊」的機率會有多小了。

「鼓勵你的小孩和你分享他心裏的事，學習做個最佳和最開放的聽眾。」這句話很明顯的適合每個階段的父母。在小孩還年幼時，也盡量鼓勵他們向你解釋一些他所說而你聽不懂的話。詢問他們這類的問題：「在這輩子之前，你是誰？」、「在你身邊的人，有誰是你以前就認識的？」不要批評你所得到的答案或表示懷疑。這會是一個很棒的方法來建立他對你的信任，讓他確認他所說的都會是重要的。如果你一直滋養、鼓勵這種互動，你就為你們兩人創造了一個開放，且足以維繫一輩子的良好又坦誠的親子關係。

我可以肯定的說，你從和小孩的對話中可以學到許多超過你想像的事。你會驚訝他們是多麼的奇妙，而且他們記得的有多麼多。在你還是他們一樣的年齡時，你可能也記得這些，直到有一天大人們告訴你，你一定是腦筋秀逗才會講這些話，從此你下意識的封鎖了你的記憶。

小孩也比大人較常看到靈魂、鬼魂、指導靈、天使，和任何來自「另一邊」的存有。再次的，這很合理——畢竟，不久前，他們才打從那來。如果他們提到你看不見的人，或聽見你沒聽到的聲音，不要只是要他們說給你聽——搬把椅子，準備開始一場有趣奇幻的談話。你也可以請孩子們描述他們的「想像玩伴」。大多時候，這並不是他們的想像，而且你很幸運能有個靈界世界的消息管道。

事實上，為了啟發自己並建立孩子的自信心，你所能做的最聰明、明智的事之一，就是刪除諸如「你在幻想」之類的辭彙。原因之一，你很可能錯了。另一個原因，我不知道你是怎樣，但當事情對我是很真實時，我一點也不喜歡別人說我只是在想像，那麼為什麼小孩子就必須要接受這樣的排斥呢？以下這句話值得再三重複：孩童是地球上最具心靈力的造物之一。請記得，當下次你想欺騙自己「我們從沒在小孩面前爭吵」就等於你的孩子完全不知道事情狀態時，你錯了。這表示即使他們在睡覺——事實上，特別是當他們在睡覺時，他們的潛意識是非常清醒的。他們是不是有意識的聽見你並不重要，因為他們小小的潛意識從不錯過任何事物。

這是為什麼我很相信在你的孩子睡覺時，對他說話會有意想不到的效果。不要擔心他們不了解你說的，在他們清醒時他們的意識所能領會的字彙，或許會因為他們的年齡而受限，但你是透過他們的潛意識和靈魂說話，而靈魂是沒有年齡的，他們能完全了解你所說的每件事。

因此在你的小孩睡覺時，你若能讓他感覺到祥和、安全感，並提供治療，不僅有很好的效果，也可以促進你們之間神性的緊密連結。我知道這聽起來有些誇張，但當你在他們的搖籃或床邊查看時，試試看以下的方式。每個晚上，連續試個兩星期。它不會有害，只需一會兒的時間，而且如果對孩子們很有幫助的話，絕對值得你一試。

你所需做的就是盡可能接近正在熟睡中的孩子，在他可以聽到你的聲音，但又不致於被你吵醒的範圍，說出下列一段話，或任何你發自內心的話：

「我親愛的孩子，我深感受到祝福，因為你選擇我做為你這次在地球新生命的神聖靈性的照顧和滋養者。我承諾會盡我最大的努力給你安全、健康和快樂的生活，並幫助你和創造你並隱於你內的上帝神性連結。願你保有所有前世的喜悅和智慧，並將所有前生的憂傷、恐懼、疾病和一切的負面釋放，永遠消散於聖靈的白光。」

撫養一個小孩確實不簡單。讓我們每天祈禱時，將全世界的孩子們放入禱詞，並讓我們每一天的作為都有助於這個世界更美好、安全和仁慈。

不久前我讀到一篇文章，我覺得用它來做為本章的結束會是很美好的方式。它可以用於情侶、朋友、家庭成員，到任何我們將之引入生活中的人，尤其是和我們最重要最密切的關係——存在於我們之內的上帝的神性光芒。這篇文章的名稱是「邀請」。

我對你的職業不感興趣。我想知道你的渴望，你是否能勇敢依循內心的憧憬，大膽的作夢。

我對你的年齡不感興趣。我想知道你是否會願意冒險，為愛，為夢想，為體驗生命，即使看起來像個傻子。

我對什麼影響你的情緒起伏不感興趣。我想知道你是否曾觸及內心憂傷的核心，你是否已從生命中的背叛恢復，願意敞開心靈；或因此而蜷縮封閉，深怕再次受傷害。我想知道你是否可以正視痛苦，與它共處，我的或你自己的，而不需要任何躲藏、淡化、偽裝或修飾。

我想知道你是否能與喜悅共處，我的或你自己的。你是否能與狂野共舞，讓狂喜浸淫你全身，穿透每個指尖，不再心存戒慎恐懼，不再要求實際務實，忘記身為人類的限制。

我對你所告訴我的事是否真實不感興趣。我想知道，你是否能為忠於自己而讓他人失望；是否能背負他人對你背叛的指控，但求不背叛自己的靈魂；你是否能拋卻信仰，而仍值得信任。

我想知道每一天，你是否能在不美之處看見美麗，你是否能成為自己生命的源頭。

我想知道你是否能與失敗共存，你的和我的，而且仍然願意站在湖邊，向天上銀色的圓月高喊：「是的，我絕不放棄。」

我對你住在哪裡，有多少錢並不感興趣。我想知道，在經過了整夜的哀傷沮喪，身心疲憊到了極點，你是否仍能起身，為了孩子，盡你該盡的養家活口的責任。

我對你認識誰，或你如何來到這裡不感興趣。我想知道，你是否會與我一起，站在火的中央而不退縮。

我對你在哪裡，學什麼，和誰學不感興趣。我想知道，當這一切都煙消霧散，是什麼在你內心支撐著你。

我想知道，你是否能與自己獨處，你是否真的喜歡在你空虛時陪伴的同伴。

Oriah mountain dreamer, Indian elder。（奧瑞亞山居夢者，印第安長老。譯註：此文是由一加拿大女作家所創作，印第安長老只是筆名。）

04 心靈處方：健康身心療法

二十年前，我躺在加州山景一間醫院的手術台推車上，正準備接受一項小手術。當我仰頭看著麻醉師時，我從容的告訴他：「你太太將會開著你的車撞進電話亭，她不會有事，但你的車就完了。」

他顯然已很習慣於這類被麻醉病人的胡言亂語，他拍拍我的頭，將我朝手術房的門推入。「很好」他說，「現在，放輕鬆。」

在我昏迷前，我還在疑惑他說「很好」是什麼意思。

當我在恢復室逐漸睜開雙眼，這位麻醉師蒼白發抖的坐在我床邊——絕不會是你動完手術後，剛清醒時想看到的反應。我努力的咕噥著：「怎麼回事？」鼓起勇氣準備讓自己接受手術時醫生們意外發現我有致命疾病的「惡耗」。

他終於開口說話，「我剛接到電話，我太太車禍，撞上了電話亭……我的車全毀了。」

我有點唐突的說：「這當然啦！」但我實在是為自己喘了口大氣。

幸運的，這位麻醉師並沒有覺得被冒犯，他比較驚訝我在手術前對他說的話。當他將這件事跟他的同事說，同事又跟同事說，就這樣傳了出去。結果是，二十年後我在全國和92位醫學及心理醫生們建立了良好互惠的推介關係。如果我對心靈答案的來處有所懷疑，這領域的合作正好可以釋疑或確認我的答案。我從未接受過任何正式的醫學訓練，但我和我的顧客一直很驚訝上帝藉著我傳遞的消息。這是我們之前討論過的「看祢的了，上帝」的程序，只是換成了生理學的字彙，而這些複雜的字彙術語，我到了現在才開始能流利的使用。

在麻醉師的經驗發生不久後，有位客人走入我的辦公室，要求我為她算命。她看起來很迷人而且完全正常，但在她還沒來得及坐下前，我便對她說了我從來沒有，以後也不曾對客戶說過的話：「不要坐下，我們得立刻將妳送到泌尿科檢查！」

我一位泌尿科的醫生友人正好有空檔可以馬上為她進行檢驗。兩小時之後，這位醫生打電話給我：「感謝老天！好在妳把她送來。她有很嚴重的膀胱感染，如果再遲些的話，她的麻煩就大了。」

「感謝老天！」這句話真的說對了。

我對顧客健康問題的關心與敏感度從此愈來愈高，就像水閘的門已被打開；我開始為每一位客戶進行「心靈掃瞄」，他們一踏進房間，我便開始掃描他們身體的每一處，然後和他們分享我所偵測到的訊息。

有位女士被診斷出患有罕見且不治的血液疾病。她的醫生將她引介給我，希望在她和疾病奮戰的同時，我能給她一些靈性上的安撫。但在算命的過程中，有個大聲又清晰的聲音告訴我，診斷是錯誤的。她所需要的是讓一位好的內分泌專家檢查她的甲狀腺。她這麼做了。結果是她的荷爾蒙分泌出奇的低，但是這很容易治療，而且並不是致命的疾病。

另外有位男士來找我，希望能重整他的愛情生活。真的是一團糟，相信我。但我立刻知道他有一個更迫切的問題比較容易解決。我打斷他的話，問他：「你的膝蓋要接受手術，對不對？」經過一陣冗長驚訝的沉默，他告訴我，他已排定當週進行關節方面的手術。當我走進房間準備為他算命時，他的人已經坐在椅子上了。由於我並沒有看到他跛行，他簡直無法想像我是怎麼知道他有膝蓋的問題。我將這個功勞歸於上帝，也就是本該屬的地方——在這個案例和其他上千個。祂經常在我還沒有機會請示祂時，便先給了答案，而且是在我從未想過要問的問題上。

一位二十歲出頭的女孩，全身長滿嚴重的痤瘡，經常感到刺痛，她來找我做一般的算命，並不預期要找出脂腺炎的原因。我不需要通靈也能注意到她皮膚的情況，我問她有沒有尋求診治。她說她已試過她所能找到的每位皮膚科醫生，也試過所有的藥，但沒有一樣可以有持續的效果，她已放棄希望了。這時治療的方式清楚大聲的傳來，我原封不動的將收到的訊息傳遞：「妳對乳製品過敏。」她半信半疑地承諾，她會暫時不喝牛奶，不吃起士，再告訴我情況。兩週後她打電話來，欣喜的說，她的皮膚問題已完全消失。

還有位年輕女士試著懷孕許久，一直沒有成功，醫生們也找不出她不能懷孕的原因。我將她轉介給一位專家，這位醫生確認了我所說的原因，卵巢囊腫是真正的罪魁禍首。一年後，她寄來小嬰兒的照片；我一直好奇，她是會感謝我，還是在整夜睡也睡不好，凌晨四點起床餵奶時咒罵我呢？

當我發現我除了面對面外，還能「遠距離」的提供人們協助時，真是件興奮的事。我在看信和進行電話算命時，答案就這樣襲來。即使顧客本身沒有身體的問題，我也可以提醒他們有關他們家人或朋友的健康，但這偶爾會令我的客戶身處一種奇怪的狀況。有天我正為一位非常美麗健康的女演員算命，她當時正因為母親過世而哀傷，這也是這次算命的主題。但突然間我問她：「妳的先生最近是不是頻尿？」這位女演員那陣子因為每天工作十八個小時，根本沒有注意到。我向她確定有這樣的情況，而且是因為攝護腺肥大，建議她先生應該要好好檢查一下。

三個月後，在一次早餐時，她先生順口告訴她，當天和醫生有約；他已經頻尿了好一陣子，想知道究竟是什麼原因。「攝護腺肥大」這幾個字從她嘴裡脫口而出，她先生笑著問她，她什麼時候有時間去念醫了，然後一笑置之，直到他接受檢查，醫生也說出了同樣的幾個字。那天吃晚飯時，她先生要求她說明，為什麼她會「憑空」說出「攝護腺肥大」。她一直沒跟她先生提過找我算命的事。因為他認為所有的靈媒都是假的，都是騙子，找靈媒完全是浪費時間和金錢。她告訴了他真相，他們也為此爭論不休，直到她將算命的錄音帶拿出來播放，她先生和他肥大的攝護腺才為此尷尬的道歉。

經過這許多年，我收到好幾千位客戶和醫生們的來信，寫到我所提供的醫學診療建議，帶給他們成功的療效時，我總是感到非常欣慰。健康這個主題也因而帶給我很大的成就感。雖然我很珍惜我和醫界免費諮詢的關係，我仍要一再強調：不論我，或是任何一位通靈者，都不該被視為接受過正式醫學訓練的專業醫師的替代品，我們僅能被視為補充的意見管道，提供你和你的醫生一個有建設性的指引方向。

心與身

每個有車的人都知道：如果車子要送修或定期維修，一定要找個技術優良的師傅。可是如果我們自己不對每天的保養負起責任，我們就是在自找麻煩。這個道理同樣適用於我們這趟人生之旅所使用的身體。當身體出現嚴重的問題需要徹底檢查時，沒有什麼比得上一位德術兼修的好醫生來得重要，然而，日常生活的照料仍是自己的責任。我們對良好健康的維護可以扮演更主動的角色，而不只是每天早上呑服幾粒維他命就交差了事。我們需要了解，並應用身體如何運作和療癒的事實，還有身體和心靈之間令人驚異的緊密關聯。

在這世上再也沒有比身體直接聽命於心智更真實的了。如果你認為身體可凌駕心智，或是不論心智怎麼說，身體都可以自行創造現實，請記得這個：在催眠之下——當潛意識掌舵時——如果你被告知催眠師的手指是隻火熱的鉗子，當他用手指碰你時，你被碰觸的地方就會有水泡產生。這時你的身體並不會介入說：「等等，你別想愚弄我，一根手指頭不可能將我燙傷。」事實是，當聽到「火熱的鉗子」，你的身體就會據此反應。當心智具有控制身體的巨大力量時，我們怎能輕忽或懷疑它對身體健康的影響力呢？

美國是個自豪注重身體保健的國家，不論我們走到哪，都好像被隨時提醒，其實生病是正常的，是應該的。我敢說，叫得出六種感冒藥名字的美國人，比叫得出六位美國總統名字的美國人還多。濾過性病毒被媒體大肆報導，感冒又在蔓延的消息，傳遞速度可媲美八卦；電視每小時都有與醫療保健管理組織相關的故事報導；新聞告知不尋常的變種病菌在全美各地發生；還有一連串的廣告上演著像你我一樣的人們正承受著從心灼熱到頭痛、便秘、下痢、到鼻竇感染等身體的痛苦……我相信吸收有關健康的資訊是重要的，但我也相信，我們每天都在被洗腦，灌輸我們的身體：你一定有什麼不對的地方。

下面的這個例子可以說明洗腦的強大威力。我有位親近的朋友，小時候她母親就經常對她吼叫：「回床上去，妳病得很嚴重！」她母親對此的態度非常嚴厲和冷酷，以致我的朋友從很小的時候就將上床躺進被單裡和生病劃上了等號。結果是，到今年即使她已六十歲了，給她再多錢，她也絕不會「躺進被單裡」。縱使她偶爾住院，她也堅持躺在床被的上面。寧願躺在被上而不願躺在床單裡已不僅是種恐懼症；她真的變得對床單過敏。不管是哪一種床單，如果她躺進去，她醒來時總會全身起滿疹子，像是褥瘡一樣。她因為近乎一輩子對床單過敏，她已累積了聽了會讓人昏倒的被褥和羽毛棉被的數量，她更換它們的次數就跟一般人更換床單的次數一樣多。就像剛剛所說的火熱的鉗子，她的心智已完全信服「在被單裡等於生病」，她的身體因此屢試不爽。

在另一方面，我在進行子宮手術的兩天後，就開始下床做我平日的工作——並不是因為我是女超人，而是因為沒有人告訴我，進行剖腹的子宮手術是件大工程，復原過程需要長期而緩慢的休養。

有一個不可思議的例子說明了不受洗腦或制約的故事，發生在幾年前我去肯亞旅行的時候，親眼目睹一位當地婦人的生產過程。她在地上挖了一個小洞，緊抓著手上拿的金屬棒子，蹲在洞上面，將嬰兒從身體擠出到地上的洞，然後用牙齒咬斷臍帶，再將小嬰兒放進用衣服做成的袋子，綁在她的脖子上，接著回到附近的土地繼續工作。這個畫面表示肯亞的女性特別強健勇猛嗎？當然不是。但這個例子卻強烈暗示著，生產理應是一件很痛苦、複雜的過程的概念，還沒有傳入當地。

我一點也沒有鼓吹女性將小孩生在沙洞裡的意思。我不是個喜歡受苦的人——我的兩個小孩都在醫院出生，我也很喜歡醫護人員所提供的舒適的醫護照料和清潔衛生的環境。至於現在在看這本書的男性們，不要因為這個例子就要求太太在剛生產完後，立刻起身整理家務、擦地板；因為「如果肯亞女人能做到，妳也能！」——除非你親身體驗了懷孕和生產的過程。（果真如此，你一定會對女性崇拜佩服不已。）

親眼目睹驚人的生產過程，更強化了我向來相信的事實——我們的身體，遵循著心智給予的字面指令行事。在這個個案裡，很明顯的，這位肯亞女性的心智並沒有被灌輸要將「生產」和「磨人的痛苦及休養」劃上等號的指令，所以我們也並不見得一定要接受社會或他人所灌輸的觀念。我的祖母在八十七歲時摔傷了臀部，手術過後她的醫生告訴她，她再也不能走路了。一個月後，我走進她家，看見她將一把椅子放在前面當成支撐，正在清潔家裡。我嚇壞了，問她知不知道自己在做什麼？她應該要平躺在床上的。你猜她怎麼回答？我後來將這話「納為己有」，每當覺得有任何的不適悄悄襲來時，我都會對自己說：「我可沒有閒工夫理會。」

我想我們都曾有過這樣的經驗。你整天都很有朝氣，精神奕奕的活動著，感覺一切都很好，然後有個人說了：「你沒事吧！你看起來不太好。」結果，一天還是繼續著，但你開始注意到，「其實」你並沒有感覺很好。十次有十次，說你看起來不好的那個人，並沒有被賜予評斷你健康情形的神奇力量，他們並沒有比你清楚自己的身體狀況。他們唯一有的，就是暗示的力量。在你還沒意識到前，你想著，「如果我看起來不太好，也許我的身體就是真的哪裡不對勁。」你的身體，總在取悅並配合心智，當它聽到不好、不舒服時，就會盡責的去顯現某種不適。下次，當你想著「也許我真的不太對勁」時，試著用「我沒有時間理會這些胡扯。」取代。一直想著，直到你是真的這樣認為為止。我可以和你打賭，你這一整天都會覺得和早上一樣，感覺美好和朝氣蓬勃。

所以我很相信，我們應該將某些「身體語言」的定義從字彙中刪除——也就是說，有太多的口頭禪會引發我們的身體去製造出健康上的問題。有一個極端的例子是關於我的朋友。她的男朋友離開了她，她一直重複說著：「他讓我心碎……他讓我心碎……」我一直請她不要再這麼說了，但是口頭禪是很難戒除的。兩個月後，她因為心臟問題而接受心導管手術。

你可以和你的配偶或朋友做個約定，互相檢查你們有多常使用這類涉及身體的負面語言，並一起努力克服這個壞習慣。下列是幾個例子。

＊「我對他／她很感冒。」

＊「他／她令我頭痛。」

＊「我擔心得快生病了（或擔心得要死了）……」

＊「他／她讓我覺得想吐。」

＊「你讓我胃痛」「我的心好沉重。」

＊「你會被你害死。」

＊「我寧願死也不要……」

＊「他／她／這件事真令人反胃」

如果你仔細傾聽，你會很訝異的發現，你是多麼經常在微妙的破壞你身體的運作，幾乎是在下令要它崩潰。

同樣的，你的身體也是絕對依字面行事，聽令於身處的環境。我開始注意到這個情況是許多年以前，當我到醫院探訪我一位摯友，詹姆士可奇藍博士，他因胃部出血性潰瘍病危。我握著他的手問他怎麼回事，他用他棕色的眼睛哀傷的回望我，然後說：「我不知道，蘇菲亞，我想我再也忍受不了生命了（stomach life）。（譯註：stomach除了胃以外，也有忍受的意思）」在此不久後，我因為一再的尿道感染而去求診。這位友人，吉姆菲迪曼醫生，認識了我大半輩子，他耐心的聽我說完一大堆症狀，然後問道：「妳自己應該很清楚，告訴我，妳是怎麼回事？」沒有一秒的遲疑，我脫口而出：「是我的家人，他們實在令我惱怒（piss me off）（譯註：piss有小解的意思，與尿道有關）」那一刻，我恍然大悟我的膀胱到底在忙些什麼了，我和醫生都忍不住大笑。

這些年來我也看到許多顧客有類同的情況。通常，生活中如果有某些議題是我們不願面對的，我們的身體便會清楚大聲的反應出來：

* 你的頸部經常酸性嗎？是誰或什麼事讓你難受？
* 你有週期性的背痛嗎？是誰或什麼事讓你覺得擔負了重擔？
* 視力減退？生命中有什麼是你不想看見的？
* 慢性喉炎？你不想說些什麼？或你說了什麼不該說的？
* 聽力開始減退？什麼是你不想聽見的？（附帶一提，你有沒有注意到，在一對夫妻中，總是只有一個，從不會是兩個人的聽力一起減退？）
* 你有慢性呼吸道或支氣管方面的問題？你需要放下心裡的哪些重擔？
* 昏眩？誰或什麼事讓你失去平衡？

這些項目可以一直列下去。重點是，記得身體是如何照實反應了你給它的訊息，也因此，許多一再復發的身體問題是可以被治癒的，只要心智認出了真正的問題根源，然後開始採取行動去修正。

還有一件重要的課程需要學習：我們要留意並且回應身體給我們的信號，就像身體對我們一樣。在我兩個小孩還小時，我曾經有一段時期想證明我是個女超人；我要做全世界最關懷子女、最負責、最完美的全職母親、太太、家管和女兒，我同時排了滿滿的算命預約，還有演講和媒體的邀約。回顧那段日子，我現在很確定，我其實是刻意讓自己疲於奔命，不讓自己有時間注意到我是多麼的不快樂。當時的我對吃飯、睡覺和保留私人時間給自己這些小事，根本毫不關心。經過了好幾個禮拜這種拼命三郎的日子，有天下午，我雙手抱著小孩和要洗的衣服往樓上衝時，我的腳被階梯刮傷。很痛，但由於只是個小傷口，我隨便看了一眼，便繼續當天的全速衝刺。

隔天早上，我的腳由於蜂窩組織炎腫成平常的四倍大。等腳完全復原不再疼痛時，已是好幾個禮拜後的事了。身體傳遞給我的訊息大聲且清楚，「好了，妳這個能幹的人，如果妳拒絕自行放慢腳步，我就會『使』妳慢下來！」我事後回想，其實幾個星期以來，身體就傳送給我各式的信號，只是我的心智太過忙碌和混亂而沒有留意。

每一天我都會接觸到一些客戶，他們還沒有將身體的病痛和居住及／或工作的不健全環境的關係串連。這點我可是吃了苦頭才學到：長期的壓力、不快樂和沮喪，如果一直被壓抑而沒有表達或解決，遲早會在身體的某方面表現出來。許多醫生也意識到這個事實。舉例來說，癌症患者除了藥物治療外，也經常被要求改變生活方式，讓日子過得更平靜和正面；這種方法被證明有很好的效果。雖然不是每一次都成功，但比例已多到足夠讓大家重視，並考慮這種作法。

我們都聽過壓力會導致潰瘍。這是真的，但這只是一個開端，只是身體與情緒關聯的冰山一角，幾乎醫界也都有這樣的認知。如果壓力和其他強烈的不愉悅情緒的力量可以引起身體內部的出血，那麼它們也足以引起身體任何其他的不適。我們人類並不是可以走動的壓力鍋。如果你曾經用過這種鍋子的話，你就會知道，使用時你有三種選擇——①要確定蒸汽可以被排出，②從爐子上拿開，要不然③鍋蓋和你的晚餐都會飛到天花板上。我們對身體也有三種選擇——①發洩壓力，②換個不會引發、製造壓力的環境或情況，或③遲早爆發出來。

這並不是鼓勵大家對彼此喊叫、互毆，然後稱之為「發洩」或「出氣」。理由之一，這些行為並不會讓人愉快。第二，法律也不允許。更何況，任何我們造成的他人痛苦，最終帶給我們自身的傷害都會多過你給對方的。而且老實說，我們已經有夠多的問題了，實在不需要再自尋煩惱，惹出無謂的麻煩。

有許多種方式可以宣洩心理的壓力而不會造成傷害，找出對你有效的方法，對你的心理和身體健康都很重要。你可以找心理治療師談話、一位可靠謹慎的友人或家人、牧師、拉比（猶太教的牧師）、支持團體或緊急熱線——一位值得你信任，而且你知道他會傾聽，不會評斷你的人。你可以盡情的哭喊。你可以寫一封信給令你生氣的人，內容愈仔細愈好，寫完後記得要將信（或札記）燒掉。你也可以跟你的指導靈說你需要協助，明確的告訴他原因。你可以禱告。也可以照我一位朋友的方式，將人名或工作或任何讓你受挫沮喪的事物寫在馬鈴薯上，然後將馬鈴薯埋起來，這並不是要你詛咒那個人（也很抱歉，根本沒有所謂詛咒這回事），這個作法像是一種態度，象徵你將他們從你的生命裡埋葬。或是去買一個拳擊袋，或將你所有的氣出在枕頭上。走路、跑步、做運動、打小白球或棒球。你也可以去遊樂場——我敢說，當你坐上雲霄飛車時，你所煩惱的問題在那一刻就被拋在九霄雲外了。你也可以參考我的作法，有一次我簡直快被我第一任丈夫氣炸了，於是我騎上腳踏車，死命的、用力的騎，我告訴自己，每踏一步我就遠離了他一步。

你也可以和你的醫生談談。雖然我從沒見過有人的生活會因為依賴復健中心或不合法的藥物而變得更好，但是向一個安全的醫療網請求協助，確實可以幫助我們更容易調適壓力、處理危機，並進而減輕創傷；而且向專業醫療機構求助並不是脆弱的表現。許多人的努力研究，發展出有效的抗憂鬱劑、抗生素、紫錐花（Echinacea 譯註：一種菊花植物，增強身體防禦系統的天然草藥）、針灸，以及不會上癮的藥草睡眠療法。如果你的醫生無法提供你資訊完善的另類療法選擇，找一個可以提供這方面資訊的醫務人員。

心理創傷，毫無疑問的，也會對身體造成嚴重及戲劇性的影響。如果將疾病和它的根源與我們的心智狀態做一個連結，對於治療會有很大的效益。以下的三個指標，我發現在我和顧客進行有關健康方面的算命時特別有幫助：

1. **突如其來的創痛**——心愛的人過世，失去工作，離婚或分手，遭受天災的破壞等等——這類創痛傾向攻擊胸部以上的身體部位。如果你有支氣管炎、耳朵和鼻竇的感染、心臟問題，或任何上呼吸道發炎的病症，回想過去六個月到一年，你的生活中是否有任何重要的驟變。如果你找出事由，請立刻面對並且處理相關的情緒，絕不要用你的身體來埋葬情感和情緒上的痛。

2. **根深蒂固的，隱藏在內心深處的創傷**——持續在職場或家庭的不快樂，沒有說出的家庭問題，和朋友間沒有解決的衝突，沒說出的歉意和被壓制的罪惡感等等——這類創傷通常引發胸部到腰部之間的問題。潰瘍、長期的或慢性的消化問題、胃酸或胃絞痛等等，表示你一直在壓抑某些事，並沒有勇於面對處理。

3. **童年和前生的傷痛**——很明顯的，這是最難發掘的根源。但一個合格的通靈者或催眠師可以幫助你——這類傷痛通常造成腰部以下的問題。長期便秘、腹瀉、結腸炎，或生殖器官的問題等等，這通常顯示你的潛意識對某事一直無法釋懷，但你的意識並沒有察覺，你需要釋放過往的負面情緒。

也有些時候，身體症狀的產生，只是因為它無法再壓抑，或合理化我們的對待方式。我覺得身體事實上比我們聰明。當我們濫用、輕忽、用垃圾食物餵食、操得太兇，或再也不去照顧它時，身體絕對會用自己的方式表達抗議。

很少數的醫療機構現在才開始去探討。

細胞記憶和前世創傷

我們應該要更主動的認知影響心智和身體層面的健康問題。有些層面深植在內心，但很少數的醫療機構現在才開始去探討。

我們之前討論過，在我們的靈魂進入子宮前，每個人都有一個藍圖。身體的健康與疾病狀況都包括在這藍圖裡。當我們在這裡時，這個藍圖是可以被調整的——比如說，如果我們好好照顧自己，感冒就不會變成肺炎。在「另一邊」，我們可以有意識的記憶我們所有的前世，並據此寫出我們的生命藍圖。但這些意識的記憶一旦在我們進入此刻的肉體生命時，便褪色淡入到潛意識中。

我們由細胞構成，每一個細胞都是有生命的，它們保留並回應著前世的記憶，就如我們的靈魂對於重新居住在肉體裡會有熟悉的反應一樣。這也像在我們的生命中，總有些地方會讓我們聯想到喜悅、悲傷、害怕、或創痛。每次我們回到同樣的地方，這種情緒會一再被激起，不論多少年過去——因為事件和地點已經建立了連結。當靈魂回到另一個肉體時，也會經驗到同樣的熟悉感，身體內的細胞吸收了靈魂的記憶，就好似細胞被設定一樣，細胞無法自行區分過去與現在，或此生與前世的不同。

像我在第三章說的，小孩通常還保有前世的記憶，因為他們才剛從「另一邊」來此不久。當我的兒子克里斯多夫快三歲時，有天我隨意的問他：「你在這輩子之前是誰？」他沒有一刻遲疑的告訴我，他曾經是個牛仔，還有匹叫辛德的馬，他在一處有推門的地方外面被槍彈擊中胃部。聽起來很有意思，我心想他是不是看了太多有關牛仔的電視節目，然後他接著說：「我的女兒跑出來，抱著我的頭，看著我死去。」這就不是三歲大的小孩會想出來的了。後來克里斯多夫的胃出了問題，常常刺痛，每次我都會想到他所說的這段談話。他的醫生找不出任何生理上的原因。因此有天在他睡覺時，我決定幫他做些什麼，看能否利用他曾給我的資料找到他胃痛的真正根源。我站在他的床邊，安靜的對他的潛意識說話：「克里斯，我知道你曾經被子彈射中過胃部，我知道那一定非常非常痛苦。但那是發生在很久以前的事了，在你的前世。你現在很安全，你的胃沒有問題，很健康，你不再需要經歷這些痛苦了。」隔天早上，他的胃痛消失了，而且再也沒有復發過。

在這件事之後不久，有位顧客要求我和她兩歲大的小孩相處，看能否解決她的煩惱。因為她的小孩變得愈來愈歇斯底里，每當她要淋浴時，孩子總會喊叫：「媽媽，不要！不要！」然後死命的將她從浴室拖出來。透過我的指導靈法藍欣和小孩的指導靈，我知道了問題的根源。我跟這位母親說，我想在小孩睡覺時和他說話。她起先擔心孩子太小所知字彙有限，無法了解我說的。但我向她保證，他的靈魂沒有年齡，就像我們每一個人一樣，溝通上不會有問題。當晚在他熟睡時，我輕撫他的額頭低聲說道：「在一九四二年時，你和你的家人被帶到一個可怕的地方，叫Dachau……（譯註：納粹對猶太人設置的集中營）。」我告訴他所有悲慘的細節，他如何親眼看著他的父母和兩個哥哥被帶到可怕致命的毒氣浴，然後在四個月後他也死在同樣醜惡、駭人的毒氣浴中。「這是發生在地球上最殘虐，最無法言喻的暴行，但它已經過去了，結束了，感謝上帝。在現在這一世中，你和你的母親很安全，淋浴傷不了她，也再也不會有人來將你或她像以前那樣帶走了。」我一直跟他說了約一小時，直到我感覺他被一種深沉的安全感包圍。幾個星期後，他的母親來信告訴我，她的兒子對她淋浴的恐懼感已經消失。

過去好幾年來，醫生們將一些孩子轉介給我，這些孩子都有傳統醫學無法解釋的持續病症。透過這些案例，我發現有百分之九十八的小朋友會對「前世創痛或死亡已經過去」的保證有理想的回應。舉例來說，有個小孩生來就有嚴重的氣喘，原來在他最近的一世中，他因為被誤會是偷馬賊而遭無辜吊死。一位漂亮的小女孩有著一雙美麗的琥珀色大眼睛，她的前生在西元一八〇〇年末期因為傷口沒有處理而死於血液中毒。當她來找我的時候，她對白血球過多症的治療一直沒有反應。另外，有個孩子長期受惡夢所擾，後來我發現，他的潛意識在睡眠時一再體驗發生在前世的西班牙和美國的戰爭，他和他的哥哥都死於那次可怕的戰役，他的潛意識一直無法釋放當時的驚恐。在這類根源於前世的案例，我在孩子熟睡時，持續安撫他們的心靈，協助潛意識釋放屬於前生的創痕，成功的幫助他們痊癒。

因此，如果你的小孩有慢性的疾病或恐懼症，除了尋求合格的醫療協助外，你也可以試著安靜的撫慰睡夢中的他，告訴他「你可以釋放你的前世了，它已經結束了，所有曾在那世傷害你的人事物，都永遠結束了。你已重新出生在健康、安全和完整的今生，你再也不需要生活在其他世的苦痛中了。」

你可以再配合禱告，這個禱告可以是為孩子，為你所愛的人，或為你自己（如果你也有某些類似的困擾。）

親愛的神：

請祢幫助我，讓我將隱於潛意識和細胞的前世陰影，釋放到能洗滌負面傷害的聖靈的白光。

如果你對此存疑，或完全不相信我所說的任何一個字，只要試試看，試上一個星期就好。它不會對你有任何傷害，反而很可能為你帶來極具戲劇性的正面影響，就像它為我許多顧客、朋友、醫生及心理醫師轉介來的病患帶來的療效一樣。

細胞記憶具有影響身體和情緒兩方面的力量，不單對小孩，對大人也是一樣。記得嗎？靈魂因為重新回到人間而寄居在肉體，這種對身體的熟悉感，會引發靈魂某種似曾相識的感覺，身體並會因此對潛意識心靈的指令回應，而觸發生理上的反應。

舉例來說，假設你在三十四歲時突然有嚴重的支氣管／上呼吸道的問題，但是並沒有任何明顯的原因，經過治療也沒有太大的改善。或許你在前一世因為肺炎死於三十四歲，在當時，肺炎是無法治療的不治之症。你的潛意識心靈，在熟悉的身體環境中，很可能說：「噢噢，我又在身體裡了，又是三十四歲了，我記得它表示和呼吸有關的疾病——我總是在三十四歲時有呼吸道方面的問題。」

或是像我最近的一位顧客，五十歲了，然後生平第一次，突然對水產生極大的恐懼感。但如果你在上輩子是因溺水而死亡，而那年正好五十歲，那麼你的潛意識和細胞記憶仍舊收藏著這個資料，並沒有對現在和過去作出區隔，你自然就有可能在五十歲時突然怕起水來。

透過克里安（Kirlian）攝影，每個生物所發出的能量或氣場，以光環的方式顯現在影片上。即使手或腳經過截肢手術一段長時間後，原先的手足仍舊會以能量的形態顯示在影片上。現在已有許多關於這方面的有趣研究，其中以希爾馬摩斯博士（Dr. Thelma Moss）的研究最為特別。他的研究指出，有些被截肢的人甚至還會感覺疼痛，就像肢體仍然存在一樣——因為潛意識心靈和細胞記憶的認知是如此。同樣的，前世的創痕和強烈的死亡也會引起類同的反應和虛幻幽靈式的痛（phantom pain）。

一旦潛意識接收到「不同的時間，不同的空間，不同的轉世，不同的身體。」這個訊息，它就能將緊捉的痛苦、恐懼、創痕和疾病釋放。這個過程比你想像的容易，你甚至不需要知道你的潛意識和細胞對前世記憶的細節——你只需要認知到前世有可能是今生問題的根源即可。

心智的健康

我對心理醫師們的免費諮詢工作帶給我很大的喜悅及滿足感。第一次由心理醫生轉介過來的是一位青少女，這位醫生友人認為問題可能屬於我的「領域範圍」。這個女孩相信自己被一個黑暗的陰影糾纏，它不分晝夜，一天二十四小時跟隨她到每一個地方。她愈來愈恐懼這個人形的身影，生活因此大亂，除了去看醫生外，她整天足不出戶。她無法入睡，人變得焦慮恐慌，而且因為深信這個陰影會傷害她而陷入深度沮喪。

我必須承認，當我的朋友要求我看看這女孩時，我假設她是真的被某個可憐困惑的鬼魂纏身，而我正好知道該怎麼應付這些鬼魂。但在她踏入我辦公室的那一刻，我就知道，根本沒有任何鬼魂跟著她或是在她附近。我高興的和她分享這件事，傻傻的期望她會因此如釋重負。她沒有。她將我看成和其他所有的人一樣，我們都告訴她，那個陰暗的人影並不存在。

我不能就這樣讓她困擾、無助的離開我的辦公室，跟來時沒兩樣。我也不想讓我的心理醫師朋友第一次轉介病人給我時，我就令他失望，更何況我不是個好風度的失敗者，尤其當對手是想像中的怪物時。問題是，不管我多麼努力嘗試，我還是沒有一點進展。我跟她一起禱告，帶她進行治療冥想，我甚至來了一場驅鬼儀式。好幾個小時過後，我精疲力竭，但在她看來，我除了製造了些娛樂效果外，一無所用，因為她還是繼續被陰影糾纏。

在我一心一意急於建功的時候，我忽略了我早該做的一件事。一籌莫展之下，我坐在椅子上，閉起雙眼，在心裡靜默的說：「我放棄了，上帝，她是祢的了。請祢幫助她，請告訴我，我該怎麼做。」

我立刻就有了答案，而且跟鈴聲一樣清楚。我全然的遵照指示，睜開雙眼，注視她好一陣子，然後用驚懼訝異的口吻說：「妳知道嗎？妳完全正確，確實是有東西跟著妳！我不敢相信我居然費了這麼久的時間才看到他！但令人吃驚的是，他一點也不巨大黑暗——他只是一個小男生！」

她瞪著我。「一個小男生？」我可以看得出來她並不是跟我爭辯，她只是跟我確認她所聽到的，所以我繼續說下去。

「他很漂亮，只有九歲大。他很害怕，因為他迷路了，他在妳身邊是希望妳能照顧他。」

經過一陣沉寂，她笑了，我可以感覺這是她好久以來的第一次笑容。當她開始說話時，她的聲音充滿了同情心，與其說是回答我，反倒像是對她自己說：「我可以照顧這個小男生，沒有問題。」

她當然能。慢慢的，一步步的，她重新恢復日常的生活作息，也和這男孩建立起交情，她開始會向小男孩要求，當她在忙時自己去玩；當她需要出去時，待在家裡等她回來；直到後來這個小男生完全消失了。最後我聽到她的消息時，她已從大學畢業，有好幾個理想的工作在等著她決定。

那一次，我從「恐懼」學到很有價值的一課。與其浪費時間告訴某人他們的恐懼很可笑或只是他們的想像，不如試著找出個解決方法，將它降低到對方可以完全承受、打發，或擊敗的程度。大多時候，你只要能讓他們舒緩下來，就等於為日後長期的治療奠定了好的開始。

有件事，我至今想到還會竊笑不已——不是對病人，而是對我自己——有關一位由中西部的臨床心理學家轉介來的婦人，我被告知這位婦人深信有一隻蛇纏繞在她的腰部。由於她非常怕蛇，你可以想像她恐慌的程度。

這一次，在那位婦人抵達前，我向上帝祈禱。因此在我看到她的第一眼，我立刻尖叫：「噢，我的天啊，有隻蛇在妳的腰上！」我跳開我的椅子，作勢朝她身上捉住這條想像中的蛇，然後在辦公室內展開一場人蛇大戰。雖然是與一條想像中的蛇博鬥，仍然花了我不少力氣。我做著假動作，看起來這條蛇像是被我頂在牆上，我死命的朝它頭部槌打，直到牠斷氣。我愈演愈投入，完全入了戲。完成打蛇的任務後，我泰然自若的向她自我介紹。一小時之後，一個開心，沒有蛇纏繞在身上的婦人離開了，她無疑的認為我比她還要瘋狂。

我也曾遇過一位女士，因為她的眼鏡一直跟她說話而痛苦不已。透過神和她的心理醫生的協助，我已經有所準備。當她來到辦公室告訴我她的問題後，我摘下她的眼鏡（完全沉默的），戴在自己的臉上。好幾分鐘過後，我將眼鏡交還給她，用一種很不耐的口氣說：「沒錯，它們的確在說話。但它們無趣極了！」

她將眼鏡戴上，聽了一會，然後帶著驚訝的語氣說：「真的耶！它們的話題的確很無聊！」這就是會說話眼鏡的故事——從此之後，她再也不被它們困擾了。

我還是要再重複一次：有許多心理和情緒上的疾病，我並不具有資格去診斷或是治癒，而且沒有任何一位靈媒，包括我，應該被視為正規心理醫生的替代。我有個很棒的心理學家的網絡可以向我的病人推薦，就像他們會轉介病人給我一樣。我真的相信，如果我們對心智能像對身體的病痛一樣，時時保持謹慎和重視，我們可以期待整體身心一定會愈來愈健康。有位心理醫師友人曾告訴我一句話，我永遠不會忘記，而我愈是了解心與身的複雜關聯，愈覺得這句話很有道理，「心可以破壞，心也可以療癒。」

祈禱鏈

上帝是最偉大的治療者。一群人若協同起來向上帝要求治癒及慈愛，將會是一股非常巨大的力量。如果你未曾參與其中，或不曾在祈禱鏈的接收端——在你親自試過之前，請不要抨擊批評。

許多教堂、寺廟和性靈中心都建立了祈禱鏈的體系。我有一個為時多年的祈禱鏈，透過我辦公室的電話和網站，已經有二十五萬人參與，你在本書的後面可以找到資料。我很歡迎你的加入，或者你也可以參考這個架構來形成你自己的祈禱鏈。

美國西岸時間每天早上六點，我的一位職員會從辦公室二十四小時開放的答錄機聽取訊息，這其中包括來自世界各地希望他們的名字能在早上助禱名單中的人。我們並不需要知道那個人的詳細問題，而且如果要求留下個人資料便違反了保密的原則。我們只要那個需要特別協助的人的名字就夠了。

這串名單立刻被分送到我們那個不屬於任何宗教派別的教堂——新心靈的五十位代理人。每一位代理人再將這份名單傳給五十位祈禱鏈的成員，這五十位再傳給另五十人，依此類推；這份名單同時也透過我的網站上的新心靈虛擬代理人傳送。然後在西岸時間上午九點，不論我們在地球的那個角落，每個人都為名單上的人祈禱：

親愛的神：

不論他們的痛楚在身體、心理或靈魂，讓他們因祢的幫助而將苦痛釋放到聖靈的白色治療之光。

我的檔案裡充滿了來自各方的信件，他們都因我們的祈禱鏈而獲得療癒。再次的，如果你是懷疑論者，讓我重複——試一試對你不會有害。你不會損失什麼，除了一通電話的錢，但你得到的卻是二十五萬人為你同聲向上帝祈禱的令人敬畏的力量。

「實驗室」

我的指導靈法藍欣提供我一個可愛的冥想方式，可以讓你體驗寧靜和治療的效果。如果你覺得冥想是很費時的事或根本離你很遙遠，或者你可以稱它為心智練習。法藍欣將此練習稱為「實驗室」（The Lab）。她解釋，「實驗室」是個你可以在任何時間、地點，只要有少許空檔就可以去的一個特別的空間，一塊心靈的淨土。「當你在你的心創造了你自己的『實驗室』」她說，「『在另一邊』的我們可以看見並且加入你，幫助你解決任何困擾你的問題。」

「實驗室」多年來已成為我個人、家人、職員、朋友、我與之分享的客戶們，一個舒適和充電的重要來源。我希望它也能為你帶來同樣的功效。

在你的心中創造一個長方形的房間，一個你覺得大小合意，舒適的空間。將離你較遠的那面牆開放，不要封閉；將另外三面牆漆上柔和鎮靜的綠色，並在這三面牆上加上大窗戶，你可以透過窗戶看見戶外美麗、清澈、沉靜的藍色水面，它提供了你治療的力量。在房間的中間，想像一張大桌子，大到足夠讓你躺在桌上，這桌子有你所能想像的最精緻優美的雕刻品和設計。

一件件的，將你的房間用你最喜歡的傢俱、藝術品、植物、蠟燭、花，和其他傢俱佈置起來。你愈是將房間擺設的愈細節和具有個人風格，它對你愈顯得真實。所以，慢慢來，將它佈置到最好，最完美。

在那面未封閉的牆上，掛上一面美麗得令人瞠目結舌的彩色玻璃窗戶，好好設想你要的輝煌莊嚴的圖案。在彩色玻璃中央，放上對你最具靈性意義的象徵。將窗戶的顏色想像成你所見過最燦爛，最耀眼的藍、金、綠，和紫色。

現在，慢慢走過你所創造的美麗的「實驗室」，欣賞每樣細節的完美。你慢慢走到彩色的玻璃窗前，光線從窗後照射進來，你能完全感受到柔和的彩虹光芒所散發的溫暖。

就在你站在窗前時，耀眼鮮明的光芒一道道的穿透你的心，你的身體。光芒深深貫穿你，你感覺到每一道光都在潔淨你的靈魂。

藍色——寧靜和高度意識充滿你的身體……你的心……你的靈……

金色——你擁抱你的神性尊嚴……你的智力更敏銳了……

綠色——一道治療的光觸及你的核心，你感到擁有力量，令人歡喜愉悅……

紫色——尊貴的顏色，提醒你生為上帝子女的天賦權利……隨著紫色的穿透，你的靈性滋長，愈來愈神聖……紫色的光穿透你的靈魂……你的心靈在飛翔……

現在請聖靈的白光圍繞並治療你。感覺純淨慈愛的白光將你籠罩在詳和、穩定、力量和控制中——你感受到白光在頭的頂端……到你臉上的輪廓、每一條紋線……你的脖子和肩膀，慢慢釋放出所有的壓力和緊張……慢慢的到你的胸部、脊椎、每一根骨頭、每一個肌肉……釋放出每個傷痛，每個負荷……你的腰、你的腹部，感受到平靜和白光的洗滌……慢慢到你的腿，曾有的扭傷不見了，你的腿感覺輕鬆無比，輕盈到好似無法支撐你的身體……你的腳，感覺一陣清涼、舒暢，重新有了活力……

現在慢慢走到你創造的美麗桌子。上帝慈愛的白光一直跟隨著你，包圍著你，你就像被一件如絲綢般柔軟，發出莊嚴光采的斗蓬披蓋。你躺在桌上，光芒環繞著你。你是安全且受到保護的。所有的恐懼遠離了你，一切恐懼在上帝的光中釋放和溶解。

你無聲的邀請「另一邊」的來到。他們一直等待著，要和你在這個美麗的房間會合，他們一瞬間就來了，圍繞在你的桌子旁——你的指導靈、你的天使們、你逝去的親友愛人，都從「另一邊」帶來了偉大的老師和醫生來撫慰和治療你。完美的健康、完美的智慧和全然的接受包圍著你，你的靈魂幫手將你的每一個緊張和負擔，一個個提升和吸收，永遠的釋放……你的心非常清明，所有壓力和負荷都被免除了……所有的憂鬱哀傷，所有的沮喪，所有混亂的情緒都解開了——原是憤怒在波動翻攪，無以言說的痛苦之海，在上帝治療使者的手中奇妙的變為清澈寧靜的水面。上帝治療者，現在朝你走進，你感受到他們的平和。

他們的手放在你的身體上方，你無聲的請求他們療癒你身體上最大的不適。你閉上雙眼，感受他們冷靜、明確和技巧的雙手的接觸，以神聖的恩典靜靜的撫慰、緩和，靜靜的將你的痛苦帶走，你又是一個完全健康的人了。你臣服了，向上帝，向這些治療使者……所有的疑慮消失，每一個細胞釋放出它記憶中的疾病和創傷，重建它最健康、最有活力的時刻。

治療使者繼續他們的工作，很快的，已被治癒的你，安心的沉沉入睡。一分鐘，一小時，一天……時間不重要了，時間並不存在。你很安心，很滿足，知道自己會以一種煥然一新的整體感醒來，生命會更容易掌握，沒有什麼好害怕的，因為沒有什麼是在神的幫助下，你無法應付的。

你是祂的小孩。你是受到祝福和眷顧的。

這是個全新的一天。

感謝神。

05

生生世世：如何探索你的前生

我非常確信我們在地球的生命不僅只有一次；我們都曾經有過其他的轉世。我們愈了解自己的前生，這輩子的境遇就愈顯得合理。了解前世對我們的生命是極具價值的關鍵；認知到死亡並不是結束，僅是我們的靈魂進入另一持續、永恆旅程的移轉過程。

我是在天主教、猶太教、路德教派和聖公會主教派的養育背景下成長，因此從小我就相信輪迴。坦白說，生命如此複雜，但每個人卻只有一次機會的這種想法，我從來不認為合理。一個慈愛的神怎麼會只用短暫的一生便來判定我們成功與否，然後決定我們應該永遠下地獄或上天堂？從我八歲起，就一直陪伴我的那位健談的指導靈法藍欣，也一直告訴我有關我前世的事及「另一邊」的情形。她更進一步解釋，我們的靈魂是純粹的能量，能量既無法被摧毀，顯然的，靈魂也不能被毀滅。這樣的說法，我覺得很合理。而且我相信真理不辯自明。

我真正開始注意到輪迴和前世的議題，是在大約四十年前的一個冷嘯下著雨的下午。當時我也是個催眠師，那天正在辦公室為一位有超重困擾的客戶進行催眠。突然間，沒有任何預警，他好像變了個人似的。他開始用現在式的語法談起埃及和金字塔建築，就好像他正在金字塔附近，利用午餐時間來探視我一樣。接著他陷入一長串狂熱的發言，像是進行一場專題報告，用某種我無法理解的語言喋喋不休，熱烈的說個不停。我在催眠術療法所受的專業訓練教導我，如果病人像是在經驗任何精神上的「插曲」，冒然的干預或打斷他們的狀態，可能會導致某種傷害。所以我讓他繼續，並保持鎮靜的和他談話，在這時候，確定不去主導或改變他的思緒是很重要的。大約過了半小時，就跟他當時「變臉」一樣突兀，他又突然的「回來」了，回復到最早來到我辦公室的那位害羞的人。

就像那個年代的每位催眠師一樣，我也研究過有名的「布萊迪墨菲」（Bridey

Murphy）案例。墨菲是一九五二年一位名叫維珍尼亞泰（Virginia Tighe）的女子，她在催眠狀態下開始用愛爾蘭土腔說話，聲稱自己是布萊迪墨菲，一位十九世紀的愛爾蘭女子。催眠師莫力伯恩斯坦（Morey Bernstein）將催眠的過程錄音，在好幾次的催眠期間，維珍尼亞泰用布萊迪墨菲的身份唱著愛爾蘭歌，說著愛爾蘭故事，並對她一百年前在科克郡（Cork）的生活有著複雜且詳細的說明。這些錄音帶最後被銷售並翻譯成10多國語言。莫力伯恩斯坦的「尋找布萊迪墨菲」（The Search for Bridey Murphy）也因此成了暢銷書。

我並不確定那天當我的病人離開時，墨菲的案例是否很強烈的撞擊我。我只確定我並沒有對客戶做任何引導，建議他使用外國語言說話，或是以埃及金字塔建造者的身份發言。我也確定，在得到客戶同意後，我將催眠的錄音帶寄給一位在史丹福任教的朋友時，我並沒事先告訴他有關錄音帶的內容，我只是簡單的請他聽一聽這卷帶子，然後告訴我他的想法。

教授友人三天後回電話給我，我接起電話時明顯的感覺到他口氣中的興奮。他連「喂」都懶得說，就直接問這卷錄音帶的來源。我不想影響他任何可能的回應，所以我說：「你為什麼問？」

他告訴我，他花了三天仔細的聽這卷帶子，根據內容作研究，也將錄音帶放給同事聽，他的同事們也都確認了他的結論。客戶所說的話，在我耳中聽來是「聽不懂的喋喋不休」，實際上卻是非常流利的古代語言（西元前七世紀），一種難了解的亞述人方言，這種方言幾乎就像是口述的楔形文字。

不用說，我立刻打電話給我那位客戶。當我問他：「你會說古代的亞述語嗎？」就像如果有人突然這樣問你或我一樣，我的客戶一頭霧水，完全不知道我在說些什麼。

在心靈層面上，我早就相信輪迴的存在。這次的催眠插曲讓我將信念化為行動。我和我在一九七四年設立的涅盤心靈研究基金會（Nirvana Foundation for Psychic Research）的催眠師同僚以及心理學界的醫生朋友們討論，建議大家一起進行研究，並將臨床上許可的前世追溯技巧應用在未來的催眠工作上，同時在得到客戶的完全認知和同意下，小心嚴密的記錄任何有關前世的證明——如果真有任何證據能顯示。

我個人從那時起，至今已透過催眠進行了上千次的前世追溯，我的同事們也是。我從來沒有一次刻意建議或引導問題，我總是讓客戶自行提供百分之百的訊息。「驚人」都不足以描述我們的收穫。我們前世的記憶，豐富得嚇壞人的細節，就裡儲藏在潛意識心靈，只等著被開發和傳遞。我有足夠且確實的催眠資料檔案夠我再寫另一本書——我強調，這些都是經過確實證明的。我們從不假設客戶在催眠狀態下提供的資料是真實的，除非經過查證。舉例來說，如果有人聲稱曾是名叫克里福安德晤（Clifford Underwood）的乾貨商人，一八九六年時住在伊利諾州的沛綠亞（Peoria），除非我們能夠找到當年確實有位乾貨商人住在沛綠亞的證據，否則我們不會相信。

順道一提，在我所進行數千次的催眠回溯中，我只有遇見一位所謂的「名人」轉世——一位十八世紀的英國經濟學家。我個人沒聽說過他，但有幾位歷史學家知道這號人物。我甚至不記得這位經濟學家的名字。如果你曾經算過前生是拿破崙，或你被告知是聖母瑪麗亞，或莎士比亞，或埃及豔后的轉世，我會強烈建議你：在通知媒體前，再多聽聽別人的意見。

有天在我進行前世催眠時，我的客戶在被催眠狀態下描述著他在美國內戰前的前世，我隨口問他：「你那一世生命的目的是什麼？」沒有一絲的猶豫，他回答：「我是來學習做個『建設者』。」他的回應迅速且肯定，我將它記下來。那天晚上，我向其他的催眠師建議，也詢問客戶同樣的問題，但不要有任何進一步的說明或引導，然後看看會產生什麼結果。

他們照做了，而且得到的回覆都和我所得到的一樣快速和明確。當時我們都已經開始訓練用筆記和錄音帶將所有的問答記錄下來。在進行了數千次的前世回溯後，我們發現，這些回答有令人印象深刻的相似度。同樣的四十四種「生命主題」（life theme）不斷一再出現在答案中。經過多年的深入探討、研究、調查，以及和指導靈法蘭欣的談話，我們的研究發展出我稱為「生命主題」的結論。

生命主題

如果被催眠的人能在催眠狀態下，立刻說出他們前世生命的目標或主題，那麼這一輩子的「生命主題」也一定同樣重要，而且值得我們去指認。當我們在「另一邊」計畫生命藍圖時，我們由四十四個生命主題中選出兩個，做為即將來臨的塵世經驗的主要目的——一個首要的，代表我們是誰；一個次要的，代表我們在人間要努力的方向。有一個簡單的比方，你可以將它想成是計畫旅遊的一個過程，那麼我們的首要目的就是要完成從A點到B點的旅行。次要目的則是要克服路途中出現的最大障礙；而我們的人生藍圖就等於我們計畫要走的路線的詳細地圖。

我們每一個人來到人間都有主要和次要兩種「生命主題」，找出它們可以讓我們的生活更清楚更簡單——我個人絕不會放棄任何這樣的機會。對我們這生的生命路徑有基本的概念和認識，可以幫助我們走在正軌；能認知到路途中一再出現的類似危機只是試著將我們拉離軌道，也可以提醒我們自身的弱點，避免重蹈覆轍或是情緒因此被強烈影響。在一個不知道面對的是什麼，被好似隨機發生的事件困擾，和一個能確定的說「噢，又來了，我知道是怎麼回事，我也準備好了。」的心態之間是有很大不同的。

如第一章所說，我們之所以離開「另一邊」來到人世，為的就是學習、體驗、克服負面的各種現象。這是為什麼我們不太會為自己選擇容易的生命主題，反而經常選擇具衝突性的主要和次要主題來挑戰自己的原因。譬如，我的主要主題是「人道主義者」，這是我是誰——生來就是要擁抱群眾。而我的次要主題，我來人間挑戰和面對的卻是「獨行俠」——獨來獨往的人。很矛盾吧！我絕對是個博愛的人道主義者，這是我的喜悅、熱情所在，就像呼吸一樣重要。但在我這生中，我也曾心痛的隱遁到肯亞，一人獨自坐在大樹下，什麼也不做，就只是不停的寫，從日出到日落。曾經有段時間，我非常痛恨要犧牲內心那喜歡獨自生活、獨來獨往的我的部分。但是次要主題的挑戰，就是要我們學習將它視為生命中自己所選擇的力量，而不是負荷，並試著找出方法接受它，與它共處。

在你逐一檢視這四十四個生命主題的簡短說明時，請特別注意你對它們的反應。當你認出你的主要主題時，我一點也不懷疑你的靈魂會大聲的發出共鳴，「對了，這就是我是誰！」在你試著認出你的次要主題時，回應可能會更為細微；注意那些在你安靜時，出現在你心中拉扯、令你渴求的事物，或許答案連你最親近的人都會很訝異。但姑且不論你對它的渴望，如果它會使你的主要主題更為複雜化，甚至看來不可能，就像我的情形，通常它就是你的次要主題，就是你為了靈魂的進展而選擇此生要面對的挑戰。

排難解紛者　他們在這裡收拾別人留下的攤子，將事情完成而且做對。他們是紛爭的解決者，發現並解決問題。不論事情大小，他們對於完成手上的工作很有滿足感。他們要注意不要太吹噓自己。

美／藝術的追求者　一個美的追求者會被內在某種創造藝術之美的需要所驅策——透過音樂、戲劇、寫作、雕塑、舞蹈、工藝等等來表現。這種驅策力可為他們帶來名聲和特權。如果他們的次要主題與此相合，他們會很享受這樣的人生，但如果兩者衝突，就會偏向悲劇性。茱蒂迦倫（Judy Garland，譯註：美國好萊塢早期的傳奇影星／歌手，代表作為「綠野仙蹤」。晚年酗酒，因服藥過量死亡）、梵谷和瑪麗蓮夢露就是主要生命主題是「美／藝術的追求者」，但與次要主題衝突，而未能和諧化解的例子。

分析者　分析者需要審視每件事的複雜細節，了解事物運作的方式和原因。他們在科學及其他技術領域可以有非常輝煌和無價的貢獻。他們害怕忽略或錯過事物的特質，讓他們很難放輕鬆或去信任直覺，也因此常不能後退一步看到全局。

主張宣揚者／運動領袖　這是站在第一線的戰士，為了他們認為不合理、不符合正義的事情示威、抗議和游說。他們為了理想中值得一戰的理念奮鬥。這個主題的人在此的挑戰是要學習並領會：運用智慧、中庸和合宜的技巧，會比他們向來所熱中的分裂手法更能有效的傳達觀點。一九六〇年代便有許多這樣的運動領袖，比如艾比霍夫曼（Abbie Hoffman）（譯註：美國六〇年代的嬉皮領袖，一位富創造力的運動策略家），和其他立意良好的激進反戰主義者。

建設者／建築師　他們是社會前進的推手，是促使輪子轉動不可或缺的齒輪。建設者不是那些上台接受勳章表揚的人，他們是隱身幕後的重要角色，鋪築了這段到舞台的路。他們可能會因為接受掌聲的不是自己而有不獲賞識的小哀怨。但他們需要記得，選擇建設者這個主題，最大的報酬就在於靈性能朝向完美加速進展，而這比任何有形的獎賞都來得有價值。

觸媒／催化劑　顧名思義，觸媒引發反應和事件，他們是使事情發生的動力。他們具有活力、熱情，而且似乎在壓力下表現特別優異。當缺乏目標努力時，反而讓他們感覺空虛和沮喪。

目標鬥士／精神領袖　如果社會沒有一個議題或目標讓他們奮戰，目標鬥士也會創造出一個。他們像是指揮「主張宣揚者／運動領袖」的將軍，或者說是精神領袖。他們以振奮人心的語言和行動，努力讓世界變得更好，有時甚至會以自己和他人的安危做為代價。當他們不知節制，無法自我約束時，常會為了爭取更多的個人注目而使鼓吹的議題失焦。

主控者／管理者　最成功的主控者／管理者是能聰明的運用其智慧及周密的思慮，懂得分派任務，並為周圍的人提供支持與協助而來掌控事物的人。而最不成功的是那些獨裁、好評斷、愛干預周圍雞毛蒜皮的人事。很諷刺的是，主控者最大的挑戰就是自我控制。

情緒感受者　選擇這個主題的人生來就具有特殊的感受力。他們能感受情緒的高峰與深淵，低潮中的低潮，狂喜中的狂喜，任何情緒的細微差異都能被敏銳的感知。他們的敏感是天賦也是負擔，他們需要認知「平衡」在生活的重要性。

經驗者／體驗者　體驗者堅持嘗試每一種能引起他們興趣的生活方式。他們可以自如的從開店老闆搖身一變為鐵工廠師傅，他們可以參加秘魯的考古挖掘，也可以在街頭賣藝，為的就是體驗各式各樣的人生。這並不是因為他們的人生缺乏目標，而是他們的生活需要多樣化和活躍的參與。他們要克服的最大困難與障礙，是要避免因過度的放縱和任性到了不負責任的地步。

陷落／缺陷者　這類生而有身體、心智或情緒挑戰的人，通常是因為選擇了缺陷做為他們的生命主題。他們的靈魂非常勇敢傑出，但面對現實人世難免有灰心沮喪的時候。這時他們需要記得：他們勇敢面對身心障礙的精神，是鼓舞人心的最佳典範。

追隨者　追隨者和領導者對社會一樣重要，沒有他們就不會有領導者。追隨者提供領導者強大、值得信賴的支持和後盾，這是他們在地球最偉大和慷慨的貢獻。他們需時時謹記在心的是：謹慎的選擇追隨誰，和追隨什麼是非常重要的，不要盲從。

和諧者　和平、沉靜和平衡這三者對選擇和諧為生命主題的人來說，是首重的目標。他們會盡一切可能來維持這些。從正面來說，他們是很棒的合作者，而且在混亂情勢中具有安撫的能力。從負面來看，他們發現自己很難接受並調適在生命路途中無可避免的顛簸傷痕與壓力。

治療者　治療者通常，但並不一定都會被身體或與心靈有關的治療工作所吸引。他們選擇的這個主題可以表現在許多不同的形式，但所有的形式都涉及減輕痛苦和增進生命的幸福感。治療者一定要學習保護自己，避免對尋求治療的人的問題過於投入或過度同理心，並要放慢腳步，避免過多的壓力及問題超過自身的負荷。

人道主義者 定義上來說，人道主義者向所有人類伸出雙手，這是他們的天性。他們不會只是靜坐，抗議生命的不公和錯誤。人道主義者起而行去餵養饑餓的人，安置無家可歸的人，為受傷者療傷，教導未受教育者；他們正面而直接的指出世界的弊端。他們面對的是雙重挑戰：雖然很清楚有無盡的工作需完成，但也必須知道，何時該讓自己喘口氣休息，不讓自己油盡燈枯。

無缺陷的完美者 這個主題最好的例子是那些生來就擁有一切——美貌、才華、智慧、特權、地位、尊貴等等的人。信不信由你，這可不是個容易的主題，因為他們的問題很少被認真的看待。他們通常因為先天的優勢而遭妒忌怨恨，也很容易因為生來就擁有的社會權勢地位而內心感到不安，懷疑起自己真正的價值。這類主題的人常會因暴飲暴食導致肥胖，或有著混亂的男女關係和藥物濫用的問題，好像他們故意製造出一些困境來平衡先天的完美一樣。由於許多事物對他們都得來太過輕易，當他們遇到狀況或挑戰時，情緒上常會有笨拙無能的感覺。

知性／智力　這是個對知識渴求的主題，它最理想的示範，是終其一生研究，並不斷的應用豐富的知識去告知、增進、滋育和擴展地球上的生命品質。最壞的例子是將研究所得藏私的知識份子——唯一的目的是將它用在謀求自我的利益。他們將研究結果私藏而不是分享，這樣的作法除了對擁有知識的人有利外，對任何人都沒有好處。

找碴者　很難想像會有這麼多人選擇這個困難的主題，你不覺得嗎？這些令人惱怒的人通常是持續且有意的悲觀主義者，不斷找錯誤，不放過機會抱怨周遭的人事物。在他們努力克服這個主題帶給他們的負面影響時，他們的言行也給了我們機會來學習耐心、包容，並拒絕陷入負面的思想或行為模式。

正義　具有正義主題的人一生都在積極的追求公正和平等。某些偉大的總統和運動發起人，像是受人敬重的馬丁路德金恩博士就是這個主題最好的代言者。令人悲哀的是，在最壞的情況下，當尋求正義的熱情被誤導，而且失去以神的慈愛為中心時，即使原先的動機是為了改善不公義的事，也有可能會導致暴動，使社會秩序陷於混亂的狀態。

法治／適法性　執法者、律師、制定和教授法律者，通常是這個主題的人所選擇用來表達的職業。他們護衛合法與不合法之間的界限。崇高者會獻身公僕的工作，致力維護社會的秩序與平衡。腐敗的人會濫用職位的權力，這反而是對自己生命主題的一大侮辱。

領導者　很奇怪，具有這個主題的人很可能天生就具備領導才能，但他們通常不具有開創性，因此會選擇在已經穩固、有所成就的領域內領導——舉例來說，律師會被高度曝光的大案子吸引，選擇在閃光燈下成功或壯大，而不是將專業經驗貢獻在促進司法體制的重大改革。領導者要完美此主題的最好方式，是改變他們所看重事物的優先順序——由注重個人的成功層面，轉變到透過領導力去探索和社會公眾利益相關，但尚未開拓的新領域和議題。

獨行俠　獨行俠對於社會議題積極參與，隨處可見他們的影子。但他們傾向選擇能離群索居，享有孤寂的生活方式和事業。他們喜歡獨處且自得其樂，很能享受與自己為伴。當和他人相處太久時，他們會覺得精疲力竭和煩人，這是他們通常要面對和克服的掙扎。

失敗者　失敗者基本上和缺陷者的主題相同，只是失敗者沒有身體、精神或情緒上的缺陷和挑戰。此主題的人通常有很好的優勢和特質，但因為他們「決定」自憐，所以對自身擁有的優點視若無睹。他們藉由成為受虐者取得他人的注意力。如果他們的生活中沒有什麼戲劇性的大事，他們也會創造出一個。就像令人惱怒的「找碴者」一樣，他們可以激發我們更正面的看待事物，我們雖然厭惡「失敗者」的行為，但可以學習不去論斷他們。

操縱者　這是很有力量的主題，而且並不全然是負面性質。操縱者通常具有某種天份，懂得如何控制他人。他們會為了個人的利益，很有技巧的將他人當做棋盤中的棋子利用。當這個主題投入在最高的善時，操縱者可以對社會造成很大，很有意義的衝擊與正面的影響。但如果被濫用時，操縱者會沉溺在自私的想法，不惜犧牲他人只為獲取個人私利。

被動／消極者　被動／消極的人有時被認為是意志薄弱，其實較正確的說法是：他們對情緒的分裂和混亂有著不尋常的感受力。他們對事物有自己的觀點，但擅於在非面對面的狀況下表達。當他們支持某論點時，也絕對是使用非暴力的方式。對此主題的人來說，要他們應付偏激極端的狀態是很困難的，但有時一些小小的緊張或壓力可以激勵和振奮他們的行動力。

耐心　這是較具挑戰性的主題之一，因為耐心需要花時間培養，但在現今這個社會，性急似乎比較符合時代的腳步，也比較吃香。選擇耐心做為主題表示靈魂渴望在朝向完美的路途上能快速前進（相對於選擇不這麼困難的主題的人而言）──換句話說，耐心，在某方面，表示靈魂的沒有耐性。選擇耐心為主題的人，一路上常要面對許多壓力，他們會發現自己常會因偶爾的失去耐性而感到愧疚，或是因需要壓抑怒氣而感到不快。認知到他們選擇的是一個很困難的主題，可以幫助他們對自己多些寬容。

身先士卒者　選擇這主題的人對宇宙間靈魂的進展非常重要，因為他的角色是扮演點燃重大事件的導火線，不論發生的事件（由人類的角度來看）是好或壞，正面或負面。基督的門徒猶大，可能是歷史上最典型的例子，他對耶穌的背叛是基督教誕生的關鍵因素。這個主題的人，因為角色非常重要和關鍵，必須要警戒審慎的小心選擇——只和那些值得且最大的善因合作。

和平使者　不像「被動／消極者」及「和諧者」，和平使者基本上有著令人訝異的主動和激進成份。他們在推動和平、停止戰爭和暴力行為的表現上，可以是非常直接且急迫的。他們對推動和平的忠誠遠大於對任何國家或團體的忠貞。他們並不介意在追求崇高的理想中獲得些名氣。

表演　選擇表演為主題的人可能會追求娛樂事業上的發展，但他們在一般生活中的聚會、辦公室或教室，也一樣可以獲得滿足。他們靠聚光燈，從大眾欣羨的注目眼光中得到滋養，不論觀眾群的多少。他們大都由別人的眼中形成對自我的認知，因此他們需要保存些能量用來自我觀察，並學習由自我提供其性靈和情緒的滋養。

受迫害者　這是另一個很困難的主題。他們時時緊抓最壞的可能性不放，相信自己和壞運及負面事物特別有緣。快樂的降臨會嚇到他們，因為他們覺得會為此付出極高的代價，而且快樂隨時會被奪回去。克服這個主題的挑戰需要驚人的意志力，但一旦克服了，報酬就是顯著的靈性進展。

迫害者　這類人通常是具侵略性，很懂自圓其說的反社會的人。他們會虐待，甚至殺害他人而無絲毫愧疚和自責；這類人通常沒有任何足以減輕刑罰的精神和情緒上的疾病。我們實在難以理解他們在這一生選擇這個主題的原因，但我們可以藉由他們的行為，來挑戰和激發我們檢視現有的司法制度、道德標準、社會良知和人性的進展。

貧窮／貧困　這個主題很明顯的在第三世界國家非常普遍，但在其他較為進步富足的地方，選擇「貧困」主題的人就面臨了較困難的挑戰，因為相形之下，財富和權勢好像在嘲笑他們。一個有財富優勢的人也會選擇「貧困」做為主題；他們會一直覺得不管擁有多少財富，永遠都不夠。時時忍耐並抱持希望，認知到宇宙中真正的富足和個人擁有多少世俗物質無關——體悟並學習到這點，可以為選擇此項主題的人帶來靈性的偉大成長。

通靈力／心靈能力　你可能會認為這是我的主要主題，不是的，我的首要人生主題是「人道主義者」——通靈能力不是我生命中的「我是誰」。選擇這個主題的人通常會選擇一個嚴厲的童年環境，因此他們與生俱來對事物超過常人的感知能力，從小就會遭到猛烈的排斥。這個主題的人生旅程是要學習接受通靈能力為禮物，不是將它當成負擔，並將這種能力用在最高，最無私和靈性的用途。

被排斥／拒絕者　這是另一個特別困難的主題，通常在童年時期就會面臨疏離或被遺棄的境況。從成長時期到成年，不管是學校生活或在感情際遇上，這個主題的人都會遇到類同的際遇模式。這個主題雖然很困難，但它的挑戰在於認知：「被排斥／拒絕」並不是在你控制範圍之外的負荷，它是你特別選來做為學習的工具。當靈魂能體認到自己的身份是完整自足、自我依靠時，就不需要再被他人的拒絕或接受與否來決定自我的身份。

拯救者／救星　如果你不是「拯救者」，你也一定見過一個——他們被受害者吸引，希望能幫助、解救他們脫離苦海，即使情況很明顯的是受害者自己創造出危機並且／或者並不希望被解救。「拯救者」在最無助和最軟弱者在場時，會顯得特別有力量及強壯。他們具高度的同理心和同情心。如果他們不能和需要解救的人保持一個安全的情緒距離，到頭來，「拯救者」很可能自己也會受害。

責任感　選擇這個主題的人不僅將責任視為義務，更是一種情緒上的滋養。他們從完成工作中找到喜悅，如果他們發現事情被遺漏而沒有處理便會有罪惡感。他們的挑戰是要無私的記得，在他們周圍的人也需要承擔起責任，並且也想要一起參與過程及分享完成的成就感。

靈性　這個主題的人一生都會熱烈的尋求他們靈性的中心，如果不是以此為職志，靈性的追求也一定會是驅動他們生命的動力。他們探索愈深，發現愈多的新領域值得探究。如果發揮最高的潛能，靈性主題可以創造出無止盡的啟發、同情心、遠見和容忍度。在不好的狀況下，可以顯現成心胸狹窄，過於批判和具危險性的狂熱盲從。

生存／生還者　是的，就某個程度而言，只要求生的直覺本能仍在，我們大家都好像有這個主題。但對那些主動選擇這個主題的人來說，人生是無情殘酷的，必須不斷的掙扎奮鬥，承受接踵而來的挫折。他們通常在危機時表現優異。由於生活的磨難，他們將事情看得太過嚴謹，往往會有困難區分真正的危機和日常生活的挑戰。他們應該要學習的是「放輕鬆」。

中庸／節制　這個主題通常伴隨著需要面對和克服的某種癮頭。即使在這類人的生命中並沒有實質顯現對某事物的上癮，但選擇這個主題的人必須常和容易上癮的潛在弱點抗衡，不論它是藥物、性、一種生活方式，或是某個人。他們也必須要避免陷入另一種極端，就是對於可能會讓他們上癮的事物變得極為排斥和抗拒。要從這個主題獲得進展的關鍵在於學習中庸和適度。

包容力／寬容　具有這個主題的人常覺得自己被迫去容忍那些不可忍受的人、事、物。很明顯的，這種心理負荷讓人很難繼續，因此到了某個階段，他們終會決定集中所有的能量在一個他們覺得最容易寬容的範圍或地方，因而變得心胸狹窄，或是對身邊其他的事物有輕忽或健忘的傾向。他們的成長來自於認知這個主題會造成不切實際和不分青紅皂白的對所有事物的寬容，他們需要學習——只有對值得的人或事寬宏大量才是有意義的。

受害者／犧牲品　就定義而言，這些人是生命中被犧牲的羔羊。他們的目的是讓不正義的事曝光，啟發我們採取行動讓社會變得更好。被虐待和謀殺的小孩、仇恨罪行下的犧牲者和目標、以及那些曾被誤判為重刑犯而後被證明是清白的人，都屬於這個主題。他們為了人類最高的善而選擇做為「受害者／犧牲品」。

施虐者　他們在這裡是為了盡可能「收集」及完全掌控愈多愈好的「受害者／犧牲品」，來證明他們所具有的力量。犧牲品的意願和感受對他們毫無意義，他們唯一有的同情心是對過度敏感和貪求無厭的自我。從小範圍來說，他們控制情人或配偶、愛慕者、和病理學上所謂過度熱心的父母等等。由大一點的層面來說，他們會是人民神殿教派（People's Temple）的吉姆瓊斯（Jim Jones）、慫恿集體自殺的天堂之門（Heaven's Gate）、大衛支派（Branch Davidians）的大衛可瑞士（David Koresh）——所有要求這類奴隸性的盲從奉獻和自我傷害，甚至連小孩也不放過的組織。他們不給任何選擇，受害者是在施虐者而非上帝之名被犧牲。

戰士／勇士　勇士是不畏困難的冒險家、士兵、拓荒者、太空人、消防人員和其他無數未被歌誦的英雄。他們勇敢的向每天的生活挑戰，不論所面對的是身體、道德、和／或靈性問題，或是對抗罪行、毒品、天然災害和謀殺犯，到挑戰未經征服的太空領域。如果沒有方向，勇士們的攻擊力可以具有破壞和毀滅性。但當他們集中能量時，尤其第二主題如果是「人道主義」，這些具有勇士主題的人，便可以成就對全人類具有非凡歷史貢獻的事蹟。

贏家／勝利者　這個主題與「無缺陷完美者」的不同之處在於「贏家／勝利者」具有

積極、普遍的衝動想獲得成就與成功。他們是永遠的樂觀主義者，總是相信下一次的生意交易，下一次的關係、下一次擲骰子、下一次樂透彩券或抽獎、下一個工作、或甚至下一個婚姻或小孩會是他們所期待的，到時自然一切雲開霧散，另番光景了。在最好的形態下，「贏家／勝利者」所具有的不氣餒的樂觀主義，和每次從失敗中站起，以十足信心重新出發的能力，是讓人愉快並具啟發性的特質。然而，如果缺乏自省，不去認清現實狀況，他們可能會因為太多的魯莽、衝動、不自制及缺乏判斷的決定，導致金錢上的揮霍、信用的不當，進而嚴重影響生活。

再次的，認出我們首要和次要的「生命主題」可以讓我們的人生路徑更清楚。單是知道這是出於我們自己的選擇，而不是某種隨機的人生硬加在我們身上的限制，就很令人安慰了。「生命主題」是我們在進入此次肉身前在「另一邊」就決定的，它不止基於我們在今生所需努力的方向，也基於我們的前生經歷。雖然我們已經無法改變「生命主題」的選項，但我們可以努力將正面發揮到極致，並學習克服負面和破壞性的影響。

胎記

生命主題只是我在進行前世回溯時探索的其中一個切面而已。我近期研究的另一個領域是胎記。引發我最早對胎記的興趣應歸功於我一位研究神經學的友人。他和我一樣有著貪得無厭，對知識的好奇心和研究精神。他相信胎記的存在並不是隨意偶發的機率，或遺傳學上的僥倖，但他並沒有成功的發現胎記和某些先天疾病之間有任何的關聯。坦白說，在我和他就此話題談論前，我從沒特別思考過胎記的問題，但他確信胎記一定有某種重要意義，他鼓勵我透過算命和前世回溯的催眠發現些蛛絲馬跡。

我可以很誠實的說，當開始探究胎記的成因時，我並沒懷有任何預期心理或期待。和我神經學的友人談話後，隔天早上和客戶會面時，我一樣是個保持開放心胸的懷疑論者。我經常會在前世回溯的催眠中，詢問客戶在前世有沒有任何嚴重的傷口或疾病，並了解他們在那世的生命是如何結束。但這一次，當客戶從催眠中完全清醒後，我問他，他身上是否有任何胎記，或是皮膚上有不尋常的變色或痣等等是他一出生時就有的。他點點頭，露出右邊小腿一塊棕紅色的胎記，大約在膝蓋下面三吋。我直瞪著它看，我那可憐的客戶以為我被嚇壞了，他低聲含糊的為他那瘦小的腿抱歉，並自覺的將捲起的褲管拉下。

當我向他解釋我的反應，並將之前的回溯錄音帶倒回去給他聽時，他也同樣瞪著那個胎記，反應和我一樣驚訝。他在錄音帶中提到，他在前一世中因刀傷流血不止而死亡；根據描述，傷口「就在我右腿的後面，膝蓋下方二至三吋」，位置和他現在的胎記一模一樣。

如果「巧合」只是發生一或兩次，我就會向我神經學的友人回覆，我在胎記的議題上並沒什麼好運，和他一樣，也沒什麼收穫。但同樣的經驗一次次發生，十次有九次，客戶生來就有的某種明顯印記，和他前世的傷口或非自然死亡的原因完全吻合。

有位婦人在她古耶路撒冷的前世，雙手被砍斷，當時正是大肆虐殺女巫的時代。這輩子她一出生時，雙手的手腕就有明顯一圈斷斷續續的紅色印記。一位男士出生時胸口中間有一塊棕色的痕跡——他在一六〇〇年晚期，被對手的矛刺穿盔甲而死亡。另一個人在一八七九年因偷馬而被吊死，他出生時脖子上有一圈明顯的白色胎記。這種例子不勝枚舉，說實在的，沒有遺留前世痕跡的客戶現在反而很罕見了。

如今回顧起來，我不確定當時我為什麼對胎記的發現那麼驚訝。在第四章，我提到細胞記憶——我們的細胞具有保留前世各種資料的能力。所以這是非常合理的——我們的身體細胞會記憶並將前世肉體的創傷或致命傷痕的證明「轉入」到這一生。

我六歲大的孫女安潔利亞也提供了許多前世／胎記的關聯。安潔利亞，不誇張，真的是我摯愛的靈媒祖母艾達的轉世。我的祖母約在四十年前，安潔利亞尚未出生前過世。我們從未告訴安潔利亞她就是祖母艾達。我們也不需要說。因為安潔利亞的稚齡和通靈能力，讓她對生為我祖母的前世仍保有鮮明的記憶。

祖母艾達曾經營過供膳宿的住宿公寓，因此她大部分的時間都在廚房煮飯、清掃、提供寄宿者源源不絕的新鮮咖啡。安潔利亞最近來到我的辦公室，看到我的助理麥可正在清洗咖啡壺，她用平淡的語氣說：「當我是艾達時，我總是忙著洗咖啡壺，打點這類的事。」又有一次她突然咯咯的笑起來，我問她什麼事這麼好笑，她回答：「記得我是艾達時，我幫妳作了一件在領口有皺摺的睡衣，結果妳很討厭嗎？」（我的確不喜愛那衣服，不光是因為領口有摺邊，還因為很高很緊，感覺好像有人爬在我頸後或是試著掐死我。）幾個月前，我們開車經過以前在堪薩斯城住過的地方。開車的是我的兒子克里斯多夫，安潔利亞的父親。沒有預警的，安潔利亞突然喊道：「爸爸，停車！」她緊張的停下車。然後安潔利亞轉頭看我，興奮的指著窗戶外面說：「巴格達！」（Bagda，從她會說話起，她就叫我Bagda。我後來知道這是波斯話，表示『有智慧的女人』。你覺得我們之間有人會說波斯話嗎？我們可是直到安潔利亞來了後，才第一次聽到。）「巴格達，妳看！還記得當我是大的，而妳是小的時，我常抱著妳穿過馬路到那家雜貨店嗎？」我當然記得！但是這家童年時的雜貨店，早在安潔利亞來到堪薩斯城之前，就已經沒有了。

話說在祖母的右手臂上方內側有一個胎記，一碰觸到就會痛。當祖母告訴我那是因為在某個前世被火爐旁的火鉗燙傷的緣故時，我大約才八、九歲大。（所以，是為了什麼花了我三十年才了解前世和胎記間的關聯？我能怎麼說？當我還小時，光是調適通靈能力就夠我忙的了，我已沒有時間、精力和興趣去想輪迴轉世這檔事，所以這話並沒被放在心上。）安潔利亞出生時就有明顯的胎記在她右手臂上方的外側，就正好在我祖母胎記的正對面。它就好像祖母在說：「嗨，蘇菲亞，我回來了！」同時這也表示靈魂正在進行釋放長久以前的燒傷的過程，因為「傷痕」在安潔利亞的身上，已經從手臂內側轉移到外側，而且碰觸時也不再有任何不適。

如何發現你的前世

無庸置疑的，前世經驗可以提供我們許多有效的幫助，除了讓我們更了解此生的意義之外，你也毫無疑問的可以透過具有聲譽、可以信任的回溯催眠師或靈媒的指引，進一步了解你的前生。

或者，只要你具有耐心，能持續練習，並保有一顆開放的心，你也可以引導自己進行這場令人興奮且深具啟發性的前世漫遊，重新經歷自己前世的身份和曾經去過的地方。記得，所有你前世生命的知識都儲存在你的靈魂記憶中，這記憶是活生生，完好的保存在你的潛意識裡。你可以依照下面的說明，揭露並提升這個知識到意識層面。這個過程是先到所謂的「儲藏室」，然後溫和的循序漸進、有條不紊的將那扇厚重的門打開。

在我們開始前，有幾項建議：

我鼓勵你將下面的幾頁錄音或請一位你覺得聲音能讓你覺得舒服、撫慰的友人為你錄音。如果你喜歡，可以在錄音時播放有助鬆弛心情的柔和音樂作背景，這可以幫助你聽錄音帶時集中精神，並為你即將展開的美麗旅程創造一個詳和的氣氛。你並不是一定要錄這卷帶子。你也可以一邊進行，一邊給自己指引。但我認為，你會發現錄音會在這過程中有很大的幫助，因為如果能讓另一個聲音為你引路，你就可以專心全意的享受這趟奇幻的時光旅行。

如果在這段旅程的任何階段，你發現自己停頓住或卡在一個沒有預料到的障礙而無法順利通過時，放輕鬆！當你下次進行，或下下次時，很容易就會度過了。記得，不需要急，不需要有壓力。有些經驗對你可能很新鮮，就像許多其他的新奇經驗和嘗試，你練習得愈多，你愈能擺脫那種生澀的感覺，你愈會覺得自在和有信心。所以請對自己有耐心。

在你回到前世時，有可能你會覺得你不僅是記起了過去的事，你簡直像是又重新活過一次，又重新經歷，而這感覺清楚到令你害怕，甚至痛苦。如果發生這樣的情形，先退出來，放輕鬆，保持距離再向它走近，讓自己抽離這種情緒，讓自己只是在一旁單純的觀察。在整個過程中，持續提醒自己，你所喚回的事件是發生在過去，所以你所感受的痛苦和恐懼也都是過去的事了。

如果不會干擾或影響你的話，當你進行這趟歷程時，不妨找位朋友在旁邊為你作記錄。因為一旦你「回來」後，你很有可能會忘記一些你看到、聽到和感受到的事物，這很正常，而且我不希望你在進行中，因為要刻意記憶，反倒無法專心體驗過程。

這個經驗需要的是自發性。在整個旅程中，你的座右銘應該是「不要思考！不要整理，不要修改思緒，說出來就對了！」

最後，我保證，這個旅程絕對安全。任何時刻，只要你想要回來，絕不會有回不來的危險。

通往前世的旅程

首先，找一個安靜的地方，在那裡你覺得平靜、安全，不受到外界的干擾，然後舒適的坐下。雙腿平放在地上，打開雙手放在大腿，手掌朝上，準備接收來自神的恩寵和神聖能量。

請求神用白色的聖靈之光環繞你，感覺祂慈愛的溫馨擁抱你，將你的憂愁和負荷納入祂散發著淨化和治療能量的光輝中。

這個光愛憐你的雙腿，每個肌肉因為它的接觸而放鬆，腳底……腳背……每一個腳趾……釋放出痛苦和緊張……你感到鎮靜……感到平靜……慢慢的……身體的細胞記起了它們最健康、最具活力的時刻……隨著光慢慢往上流動，回到細胞最健康的時候……

腳踝、小腿和膝蓋，漸漸放鬆……釋放緊張……恢復活力青春……沒有緊繃……沒有壓力……血液自在健康的循環，帶來氧氣，帶來生命。你的呼吸愈來愈慢，變得愈來愈沉，愈有節奏……當光繼續往上流動時，你沉靜祥和的入睡……

這道光經過大腿……臀部……腹部……慢慢淨化……你完全的安心，放鬆……光芒帶走所有痛苦，滋養每一個器官、每一個肌肉、每一個血管、每一個細胞……你深深的呼吸，舒暢毫不費力，規律的，有節奏的……你的每次呼吸都具有神性和療癒……

聖靈的白光繼續來到你的胃，按摩著你的胃、胸、肩膀……全然的放鬆成了你的身體自發的能量，湧向各器官……肌肉……骨頭……脊椎，你身體的生命線……一吋吋地，慢慢的，一股喜悅的，愛的能量洗淨所有的負面，除去你所有的負擔……

光來到了手臂，手腕，雙手，你的每一個手指……釋放出壓力……慢慢放鬆……你安靜……的呼吸，輕鬆的呼吸……感覺流暢，有活力，沒有壓力……每個肌肉，手指……慢慢的……舒鬆……沒有任何緊張……你感到滿足……

光往上來到頸部，釋放出肌肉和神經所有的緊繃和壓力……頭部，太陽穴……你有節奏的呼吸……雙眼闔上……白色的光芒撫慰你……看不見的神性的手觸摸著你的五官……你的嘴唇慢慢放鬆……前額……鼻子……皺紋……慢慢放鬆……下巴……你的皮膚柔和了……感覺血液暢流，純潔和淨化……

你的呼吸更深沉了。雙眼仍然緊閉，想像眼神注視著鼻樑……數到20……不用多……所以你不致陷入沉睡……

現在，保持雙眼閉上，緩慢而有節奏的呼吸……在你心裡回想當你20歲時……一個生日、聖誕節、婚禮、學校開學的第一天……任何你想到的日子或活動……如果沒有特別的一天變得明顯，而且細節沒有立刻出現，溫柔的、沒有壓力的問自己：「我知道我回到20歲了，那時的生活是怎樣的？」如果這次仍然沒有畫面浮現，下一次就會了……

當時你住在哪裡？在做些什麼？你四周有誰？你開什麼車？有些細節，不管大或小，最終會像花朵綻放，釋放出整個場景，像電影一樣清晰，就像現在發生的事般鮮明……所以環視你的四周，注意每一個顏色，每一種味道，你當時的穿著，你的感覺……如果是快樂的記憶，再重新經歷一次……如果是任何讓你感到不舒服，情緒低落的回憶，只要觀察就好……不用急迫……不要著急……你想停留多久就停留多久，盡情探索再次20歲的感覺和情境……然後對你自己說：「任何我從20歲帶到現在的負面事物，有意識或無意識的，讓它都溶解在聖靈的白光中，白光並遍及到我此刻快樂、健康、積極、具開創性的靈性生活……」

現在將你的旅程前進到10歲，當你的自我認知開始成型時……另一個聖誕節，另一個生日，另一次開學，認識一位新朋友，露營時特別的一天……，任何你能想到的一天，如果沒有任何畫面，重複前述的程序……你當時幾年級？念什麼學校？老師是誰？誰坐在你旁邊？你住在哪裡？要有耐性……讓它依自己的步伐節奏來到，然後另一個場景、另一部鮮明的電影終會出現，畫面會浮現……探索它，注意每一件事……重新經歷快樂的，觀察哀傷的……這是你的旅程，你很安全，而且一切在你的掌控中，沒有痛苦或悲傷可以介入……再一次重複：「任何我從10歲帶到現在的負面事物，有意識或無意識的，讓它溶解於聖靈的白光中，白光遍及到我此刻快樂、健康、積極、具開創性的靈性生活……」

然後，以安詳、平靜、沒有壓力的耐心，回到你受胎的那一刻。向自己確定，你可以做到。你只是在使用你向來不習慣的知覺力召喚它。不要思考，接受第一件進入你心裡的事，一直等待你去探索的潛意識會自動浮現畫面，潛意識會用它的方式指引你 。一開始，你可能接觸到漆暗的一片，沒關係，讓它發生。讓漆黑和任何畫面以你的心的速度展開。慢慢的，安詳的，你的旅程由受胎來到出生，提醒自己，很重要的部分：「我不要重新經歷出生時所面臨的任何負面、痛苦或恐懼，我只要單純的觀察我進入這個世界的過程。」

現在你正旅行穿越一個美麗的、裝飾的、閃爍著光輝、令人平靜的隧道，一個時光隧道……一頁頁的日曆伴隨著芳香的微風飄過你身邊，你看到日曆上的日期愈來愈早，愈來愈早……你高興愉悅的向前方的白光移動，朝向它……跨進它……你知道你是安全的……

你沉浸在輝煌奪目的紫色光彩中，紫色代表靈性的顏色。你沐浴在其中，知道包圍你的紫色的光，正在幫助你打開並擴展你的察覺力。

一個壯麗、光彩、發亮的世界地圖，在你眼前的螢幕出現。你渴望的走向前，說著：「藉由我被恩賜的靈魂記憶，請指引我的手放置在我確曾住過的地方。」然後不要思想，不要看，不要有任何形態的干預，讓你的靈魂立刻以直覺引導你的手碰觸地圖。

你看著手的位置，全然的相信，並接受它指出的任何地點。你說：「我的靈魂記得。我的靈魂會帶我到那裡，那個地方和那個時間。」

然後，突然間，你就在那裡了，在你靈魂熟悉卻已然被你遺忘的時空。令人好奇又迷惑的情境，你感到精力十足，你開始注意每一個細節……

你穿什麼？

如果你不能馬上看見自己的穿著，看看四周是否有什麼地方可以看到反射或投影……像是一面鏡子……一家店的櫥窗……一個池塘或溪流……往前走，描述你所看到的……

現在你看到自己的穿著了嗎？你穿什麼？

你是高，是矮，或中等身高？

你是瘦，或胖？是男性，還是女性？

你的頭髮是什麼顏色？是長髮或短髮，或是禿頭？

你有戴帽子或是圍巾嗎？或是光著頭的？

你的鞋是什麼樣子？

不要思考！不要想！接受進入你心中的第一個答案。你愈是讓答案自然浮現，描述會變得愈簡單……

這是哪一年……？

你幾歲……？

你的家人是誰……？

你住在哪裡……？

你的手足是誰……？你有任何兄弟姐妹嗎……？

你的父母是誰……？是否都健在……？

接受你的第一個答案……

有人在你身邊嗎？父親、母親、手足、朋友——誰出現在你這一世的生命中……？看清楚他們的性別、容貌特徵，還有他們的靈魂本質，他們是誰的真相……

在你現在這一世中，他們是誰……？

現在是五年過後……？

你現在在哪裡……？

你結婚了嗎……？

如果你有了配偶，他或她長什麼樣子……？

如果你有小孩，一一的描述……？

你住在哪裡……？

你有工作嗎……？你的職業是什麼……？你如何安排你的時間……？

描述你的家……？從家裡最大片窗戶看出去的景象……？

你快樂嗎……？還是哀傷……？焦慮不安……？還是有成就感……？

你的配偶或小孩有出現在你這一世的生命中嗎……？

在這輩子裡，他們是誰……？

你在重複和他們曾有的同樣關係嗎……？

你立刻想到的答案是正確的……不要思考，馬上回答問題……直覺不會有錯誤

回應……

現在……將你自己帶到你那世的盡頭……你死亡的那一刻……

你只是在觀察，不是在經驗……

沒有恐懼，不需要恐懼，你只是看著自己回家……

你的死因是……？

誰在你身邊……？

痛苦嗎……？

誰從「另一邊」來接你……？你在今生認識這個人嗎……？

你是否將任何胎記、或疾病、或死亡的「殘留物」帶到這一世……？

回顧那一生，它的目的是什麼？什麼是主要「生命主題」？次要的「生命主題」？你在那輩子是要學習什麼？你學到了什麼……？

接受你的第一個答案——你剛剛看到的是第幾次轉世？你總共有過幾世……？

現在，慢慢的……安詳的……沉浸在聖靈的慈愛白光和豐沛的綠色療癒之光，你感到一種沉靜的安寧和幸福感流過你的身體和靈魂……

你平靜的回到此生，感覺快樂和煥然一新，你為這次平安的旅程，與永恆的自己相遇團聚而感謝神。

現在，睜開雙眼……

如果你沒有安排朋友幫你記錄你一路的反應，在睜開雙眼後，立即用錄音帶或筆記本記下你剛才的經歷中所能憶起的所有細節。

你可以經常重複這個練習，你可能會訝異每一次經歷你都會回到不一樣的時間，地點和生命。

當你對整個程序熟練到感覺自在舒適時，你就可以更上層樓精益求精，將它應用在各種特定的目的。你對胎記或疾病，或無法解釋的恐懼根源好奇嗎？你懷疑你在前世就認識你現在的好朋友、戀人或孩子？你是否覺得某人很難相處，不論你如何努力？所以你願意探索可能存在於前世的不愉快經驗，並試著解決問題。你是否長期以來就對某些地方或文化，或一些主題感到厭惡和反感，你並不知道為什麼，但你想了解並克服這種嫌惡。

任何你有的問題，任何你想滿足的好奇心，都可以用這個練習一探究竟。只要你在開始前，告訴自己和神你想知道的，然後要求時光隧道引領你到謎底存在的那一世，讓聖靈的白光在你旅程的每一步圍繞並保護著你。

一世，接一世，再一世。

06 鬼屋魅影：它的真相與應對之道

「我不相信有鬼，」一位客戶有次告訴我，「但我這輩子一直很怕鬼。」這是我從一九七四年創設涅槃心靈研究基金會，同年正式研究鬼屋現象以來，最常聽到的一般人對鬼魂的態度。

有些所謂的「鬼屋」，調查結果只是一些老鼠、松鼠等齧齒類的小動物作怪，或是電線線路的問題、視覺的幻影，和過度反應的想像，當然也有一些是精心設計的惡作劇或騙局，難怪說到鬼屋大家總會半信半疑。

但我確曾親身接觸過非常真實的鬼魂、靈魂、戳記（imprints）、和動能（kinetic

energy，或稱動力學能量）等現象，藉由學習每一種現象的獨特性質及它們之間的差異，我發現了更多有關靈魂永恆力量的確認。

鬼魂

鬼魂絕對存在。我見過他們，跟他們交談過，我甚至還跟幾位有些交情。鬼魂間有個令人悲哀又訝異的共同點，就是他們都不知道自己已經死了。為了各自不同和非常個人的理由，鬼魂拒絕跨越到「另一邊」，堅持徘徊在現世。在他們既混淆又困惑的想法裡，他們認為自己就和我們一樣，非常真實而且活生生。因此在死後他們仍然頑固的依戀這個次元，所以他們是靈魂世界，所謂的靈界中最容易被我們看到和聽到的「居住者」。

我有一條謹守的規定，就是在進行鬼屋調查前，從不事先做任何研究。因為如果我事先蒐集了資料，我的客觀度很可能就會被預先的想法影響。通常在事前研究的情況下，一個通靈者可以用少數幾項印象深刻的調查事實就假裝看見了什麼——最後就被當成騙子。我可不需要蒙上這樣的不白之冤。

因此當電視節目「未解的謎」（unsolved mysteries）請我去一探傳言鬧鬼已久的北卡羅萊那州一家位處懸崖邊的「摩思海邊」餐廳時，我對那餐廳一無所知，除了知道好幾任的經營者、服務生和客人都聽見和看過一個女性的身影，在房間和鄰近的海邊不安的徘徊。我稍後發現，當地普遍流傳這個鬼魂生前是身穿藍衣的傳奇女子，她在一九二〇年晚期是這家店的常客。照這故事的說法，她背著她先生和當時在餐廳演奏的鋼琴家偷情。有一次她先生和她的情夫在海邊發生衝突，她企圖調停時，意外被刺死。

鬼魂似乎很喜歡被人們注意，也許只是想看看我們的反應，這一個也不例外。當「未解的謎」節目的外景攝影機開始拍攝時，她很快就在我面前出現。但我發現我並不是在和一個不忠實的輕佻姑娘說話，而是一個悲傷、充滿焦慮的鬼魂。她確實身穿藍色的裙裝，戴一頂綁著絲巾的大帽子。她自我介紹是瑪麗艾倫摩利（Mary Allen Morley），在餐廳附近發生了一場可怕的車禍。她告訴我，她在這地區徘徊是為了要尋找並安慰她三歲大的兒子。她的髮型和衣著早已過時多年，但她顯然覺得車禍只發生在幾分鐘前。時間在死亡後就不具意義，對那些死後並沒跟隨白光前往他們應屬的「另一邊」的靈魂亦然。

在完成我為「未解的謎」的探索後，拍攝人員和幾位餐廳的員工來到當地的圖書館查閱保存的舊報紙。經過一番細查，他們找到一位名叫瑪麗艾倫摩利女子的訃文，內容陳述的死因是車禍。她的丈夫和三歲大的小孩在這場車禍中生還。

瑪麗的鬼魂仍在人間駐足，是因為她還停留在她三歲大的孩子需要她的幻象中。但另一個心碎的鬼魂則是為了不同的原因徘徊在陽間不肯離去；這個鬼魂的信仰和信任在他活著時就已「死」了。

我在一九八四年曾前往惡魔島（Alcartaz）監獄，為獄方調查他們形容為「奇怪的騷動」的現象，當時同行的還有哥倫比亞廣播電視公司（CBS）的新聞小組。這座惡名昭彰的小島已經很久不再收容人犯了。第一個向上面報告有奇怪現象的夜間警衛，和一位曾在此服刑的前犯人里昂湯普森，也跟著我們一起。

惡魔島監獄的氣氛冷峻陰森，死氣沉沉，空氣中彌漫著一股令人不快的感覺。進入監獄沒多久，我們先經過獄中的醫院，我對其中一個荒涼的牢房有一種特別的感應。我「看到」一個「S」字母浮現在空白的牆壁，牆面上也若隱若現的像是貼滿了卡片和寫滿了文字。事後查證，鼎鼎有名的「惡魔島的鳥人」，羅伯史左特（Robert Stroud，在獄中成為鳥類學家的著名人犯）曾被監禁在那間牢房數十年之久。但和大家所認知不同的是，他從來沒有和真的鳥一起住在那間牢房裡，事實是只有上百張關於鳥的卡片和註記滿滿的貼在牆壁上。

就在我們一踏進監獄的洗衣房時，我感到被一種來自過去的可怕暴力撞擊。沒多久，有個鬼魂出現了，高大、禿頭、有一雙小而充滿警戒神情的眼睛。一個「M」字馬上來到我眼前，但他告訴我大家都叫他「屠夫」。

我將這些訊息向愈走愈害怕的小組報告，突然里昂湯普森跨步向前，看起來像是「沉醉」在往日當他的囚友們都還是活生生的重刑犯和謀殺犯時候的「好時光」。他說，他記得「屠夫」，「屠夫」是一個職業殺手，名字是艾比馬考魏茲（Abie Malkowitz），他就是在這間洗衣房中被另一位囚犯殺死。

當我們遇見迷失的鬼魂時，我們能做的就是試著說服他們，他們已經死了，並催促他們向光走去。在「另一邊」的靈體，也一直注意到這些徘徊人間不肯散去的鬼魂，他們也在盡力引導鬼魂們回家。基本上，在我們「推」，「另一邊」「拉」，一推一拉之間，遲早，幾分鐘或幾百年，鬼魂終會發現通往光的道路。

我真心希望盤踞在惡魔島的鬼魂能離開，就如我希望自己能趕快離開那陰森的監獄一樣，所以我告訴可憐的艾比馬考魏茲，他的生命已經結束，他已經可以自由的回家，在聖靈間尋到平安。他慢慢朝我走來，注視著我，但拒絕聽進我說的每一個字。

我不是個喜歡認輸的人，尤其又是攸關某人的靈魂大事時。我沒有退讓，我召喚我最後的王牌——總是在身邊的指導靈法藍欣。於是我進入出神狀態，讓法藍欣透過我和他說話：「不要害怕，我們不會傷害你。」

他以前就聽過這句話了。法藍欣確定他聽過，從那些帶給他心靈嚴重傷害的人的口中。雙眼直視著艾比，法藍欣繼續說著。

「當我離開蘇菲亞的身體後，我會回到『另一邊』。請跟隨我，那裡有許多關心你的人希望能幫助你。」

艾比沉默了一段時間，考慮著法藍欣說的話，考量法藍欣這個「人」。當他終於開口時，下了非常簡潔的結論；這可能是他的生命所教導他唯一可以信賴的立場：「我不相信你。」

艾比馬考魏茲至今仍然是那裡的囚犯，一個徘徊人間的鬼魂，因自己誤導的選擇而受困在荒蕪的自我地獄裡。那座監獄現已被改建為州立的公園，但一到晚上，仍舊有奇怪的聲音出現。這麼多年來，我一直在為艾比祈禱，請求聖靈的白光帶引他回家。

我和「另一邊」也曾經有過一次成功的經驗。我絕不會忘記那次，因為她很可能是我看過最可怕、最孤寂的鬼魂。在此我不提及請我去調查的那家舊金山美術館的名字，據他們說，館內會出現不見人影的腳步聲、移動的身影、還有偶爾傳來像是女子哭聲模糊的迴音。這家美術館從未在他們的文宣品上提到「鬧鬼」兩字，所以我想他們寧願是以展覽品聞名而吸引觀眾。美術館是建在一所曾經由修女管理的療養院舊址。我到了那裡，發現有一位修女仍然在館內的大廳遊走，她短暫而悲慘的一生結束在非法的墮胎。

我無法想像身為修女的她所經歷的這等夢魘，我乞求她讓可怕的惡夢和遭遇在「另一邊」等待提供給她的平和及撫慰中結束。她相信，也了解我說的，畢竟她曾是個信仰死後仍有生命的專家。但這也正是讓她滯留人間的原因：她覺得她犯的罪是不可原諒的，她無顏見上帝，更遑論要求上帝的寬憫與慈愛。

還好我是個天主教徒，所以我能以共通的語言跟她溝通。經過了幾次的談話、許多的禱告和幾回神聖的儀式，最後我和法藍欣終於重建了她的信心，重拾她是完美、慈愛上帝的孩子的信仰。最後在進行天主教一種稱為臨終塗油禮的儀式後，她欣然的走向光芒。（附帶一提，對那些奇怪我為什麼相信罪惡感是極具毀滅性力量的人，這個例子是最好的說明。）

由於鬼魂認為他們仍然活著，所以堅定的相信他們是居住在這個空間的主人，而我們則是入侵者。畢竟，他們是「先到」的人。所以想要求鬼魂安靜或是離開，就好像客人要求主人閉嘴或搬離他們的家一樣。

我曾見過許多鬼魂，我知道遲早他們會在我們和「另一邊」的合作努力下，跨越到另一個次元，這只是時間的問題。在此同時，我們對他們應該抱持同情的態度，而不是害怕。畢竟，如果我們死後也不知道自己已經死了，很有可能我們也是一樣難以相處。

靈魂

靈魂，相對於鬼魂，已經接受他們肉體死亡的事實並超越至「另一邊」。當他們探視我們時，是來自另一個次元，這通常使得我們較不容易清楚的看到和聽見他們。對我而言，感知靈魂世界就像是透過一層蠟紙「看到」並戴著耳罩「聽到」滿屋子的人說話一樣——這是為什麼我很容易區別靈魂以及像人類一樣清楚的鬼魂的原因。靈魂離他們前一次的轉世愈久，他們的頻率就愈高，震動愈快速。我不是抱怨，也沒有任何不敬的意思，但以法藍欣為例，她有將近五百年沒有投胎，所以她的聲音聽起來就像是花栗鼠般高亢。

大多數的靈魂都具有不同音調的聲音，這點在我為客人算命時會有些有趣的挑戰。有位令人愉悅的男士幾天前來找我，希望得到一些他摯愛的已逝妻子仍在他周圍的象徵和訊息。我立刻就看到她，一位散發快樂氣息的深髮女子，有著小而深邃的雙眼和飽滿的下顎。這位先生馬上證實了我對他太太容貌的描述，但為了進一步確認，他要求我說出他們對彼此的暱稱。

我必須鄭重說明一點，身為靈媒，我只是連接你和「另一邊」的線路。我無權修改我所接收到的訊息，即使我個人認為不可能是對的。所以我很仔細的聽，盡我所能的確定我所接收到的聲音，然後我說：「它聽起來像是『smooshie』？」

差了那麼一點點——正確答案是『wooshie』。但這位先生非常高興，興奮到了極點。不只是因為我不可能知道這麼私人、細節的事，就算他給我一個禮拜的時間，我也絕不可能猜得出來。我曾經歷四次婚姻和好幾回的情感關係，原先我可能會打賭沒有我猜不出的暱稱。但這次我一定會輸。因為我怎麼也不可能猜得到『wooshie』這怪稱呼。

有一個簡單的方法，可以幫助你想像鬼魂和靈魂振動頻率的不同——注視著電風扇。當電風扇關掉時，你看到的是靜止的扇葉——這是我們，在這個次元的我們。將風扇開至弱風，扇葉會慢速的轉動，這時你不太容易清楚區分每片扇葉，但如果你專心的看，仍是可能的——這是鬼魂的次元，死亡後比我們人類模糊，但仍然看得見。若將電風扇開到最高速，扇葉會快速旋轉，快到幾乎看不到扇葉的速度，我們看著轉動，扇葉好似消失了——這就是靈魂的次元，存在於一般人類無法感知到的速度／震動。所以，下一次當你懷疑，為什麼分明看不見靈魂卻又要相信它的存在時，不妨問問自己，當你將電風扇開到最強，你是否就會不相信有扇葉的存在了？

幸運地，有些靈魂，尤其是過世不久的，如果他們有足夠的力量和強烈的慾望來探視我們，他們可以將震動頻率減慢到人類可以看、聽，和感知的速度，但只能維持很短的一段時間。我的祖母艾達就是其中之一。在一九五四年的秋天，她死後的第三年，她親自證明了這點。

祖母天生就是傑出的通靈者，她是我的良師，我的女英雄。對一個當時還搞不懂通靈天賦和瘋狂之間的差別的小女孩來說，她是最有耐心和慈愛的好知己。祖母鎮靜的對我解釋除了我之外沒有人看到的景象和聲音。當我第一次與法藍欣接觸而嚇得大聲尖叫四處亂竄時，她向我解釋什麼是指導靈。她指引我的人生，告訴我身為靈媒不是包袱，而是神聖的祝福。祖母一直希望，也相信我會成為一位老師。但當時以我高中的成績看來，實在是一件很不可能的事。她過世那年，我才十八歲，剛進大學念一年級，她的去世對我是很大的打擊。

在我過完二十歲生日後不到一個月，我在密蘇里的一間小型天主教學校開始了我的教學生涯。每天當學生們在教室稱呼她的小蘇菲亞「修麥克老師」時，我都好希望祖母艾達還能活著親耳聽到。

在我任教兩個月後，十一月的一個星期六的下午，我接到校長瑞吉娜瑪麗修女打來的電話。她從不曾在周末打電話來，而且她的口氣聽起來有些低落。當然，當時的我還深受天主教的罪惡感心態影響，立刻以為一定是我犯了什麼道德上的罪，然後開始想破腦袋，回想自己到底犯了什麼錯。實在想不出來，於是我問她，一切都還好嗎？她困擾的回說不確定。

她告訴我，稍早前她獨自一人在學校，在難得安靜無人的大樓裡，趕一些紙上作業。大樓的警鈴已上，所有學校入口和教室的門也都是鎖上的。所以當她第一次聽到樓下傳來的噪音時，她以為是自己的想像。畢竟，沒有人可以有這種好身手闖入學校而不觸動警鈴。但她愈聽，愈確定聲音是從「樓下」瓷磚地面傳來的腳步聲。（「樓下」是她對暖氣爐、風導管線和我的教室所在的地下室的禮貌稱呼。）於是勇敢又熱忱的瑪麗修女，拿起她的十字架朝樓下走去，一探究竟。

她和我都很確定，前一晚離開時，我教室的門是上鎖的。但當她到了地下室，出乎意料的發現門是開著的。在我教室裡，有一位老婦人正在環顧四周。

驚訝但也同時鬆了一口氣，瑪麗修女向這位老婦人問候並猶豫的問她：「需要幫忙嗎？」

「不，謝謝。」老婦人回答。「我只是過來看看蘇菲亞的教室。請轉告她，我覺得她做得很好。」

修女答應一定會轉達，並詢問這位老婦人的名字。但她僅回覆：「沒關係，她會知道的。」

電話這時候響了，瑪麗修女離開教室去接電話。當她稍後回來時，老婦人已經不見了——不可能在沒被看到，也不可能在沒有觸動警鈴的狀況下。

於是我問她這位婦人的長相。

「她很高，大約五呎七吋，銀白的頭髮，穿一件藍色衣服，身上有薰衣草的香味。妳知道她是誰嗎？」

那是我生命中最感撫慰和確定的時刻之一。

「是的，我知道。」我說：「她是我祖母。」

「可是……她是怎麼進出學校的？」

我笑笑的回答：「噢，這對她很簡單。她已經死了。」

瑞吉娜瑪麗修女用幾乎聽不到的聲音說：「我懂了。」但從此以後，她看「修麥克老師」的眼神再也不一樣了。

出現在學校的正是祖母艾達的靈魂，她不是鬼。她也不是迷途、困惑和眷戀人世，她是具有足夠力量和目的，足以用人形出現在我們三度空間的靈魂。確定了我是在一個好地方教學，她傳遞了她的訊息，然後回到她在「另一邊」的家。

當我告訴客戶，我可以看見他們過世的親友站在他們旁邊，而且正確的描述容貌時，我完全理解他們回應的眼神。我自己也曾有同樣的微笑。但我從不會加上「恭喜你，他們不是鬼。」因為這會花上整個剩下的算命時間來解釋。鬼魂由於困陷在我們的次元，所以也同樣受制於三度空間最基本的物理法則之一：他們不能同時出現在兩個地方。舉例來說，他們不能在惡魔島監獄或摩思海邊餐廳漫遊，又同時去探視所愛的人。

然而，靈魂可以。他們也確實不受我們時空的限制而能自由移動。在「另一邊」並沒有所謂的時間和空間，在那裡，生命被視為永恆和無盡。每當我逼問法藍欣「什麼時候？」時，她總是會沒有耐性。在她的世界，一百年和一眨眼沒有不同。因此當她說一星期時，她總是用「你們所謂的一星期」來表示。

我們或許會期望靈魂來探視時可以帶來某些特定的訊息。比如，「保單在閣樓上的綠盒子裡。」但我很少見到這種事發生。大多數的時候，靈魂來到這是為了讓我們知道，他們與我們同在，他們愛我們，而且他們是生氣盎然的「活」著。

靈魂大多時候是安然自在且快樂的，雖然我見過些例外，但都是我們在世的人所造成。我見過一個偏激的例子，有位客戶自女兒幾年前過世後，生活完全停頓。算命時，她的女兒出現在她身後啜泣。當我問她為什麼哭泣時，她告訴我：「我母親不讓我走。」這位婦人，在女兒還活著的時候便操控她的一生，如今女兒已經到了「另一邊」，母親仍然要求她絕對的服從，隨傳隨到。當我向這位婦人解釋，她這樣做讓她的女兒非常不快樂時，她冷靜的回答：「我當然不會讓她走。我一點也沒意願讓她離開我。」在算命時我向來是客觀、不情緒化的，但這次不了。這位婦人和她以控制孩子來滿足自我中心的自私心態，在離開前大概也看夠了我的撲克臉。

這並不是說我們不該哀傷親人的過世。幾年前，在短短的三個月內，我失去了九位和我很親近的人，包括我崇慕的父親。有很長一段時間，我不想再繼續呼吸，更遑論下床活動。哀痛是人類很本能、很自然，而且是必要和無法避免的情緒——甚至動物也會哀傷。

但下次當摯愛的親人往生，你如果決定要使壞、耍自私，千萬不要懷疑，如果他們還在附近會怎麼說。他們確實是在附近。而且我們的行為舉止絕對可以影響他們在「另一邊」本該享有的平靜生活。

靈魂對於出現在人間這事，比鬼魂來得敏感，考量也較多。他們會留下許多微妙的痕跡讓你去發現。他們會移動照片，特別是他們自己的，好讓你注意到。他們會用最喜歡的香水來提示你。他們會輕柔的撥動你頸後的頭髮，或當你獨自在房間或在車子裡時，給你一種有人在注視的奇異感覺。我父親最喜歡的信號是撥弄我好幾年沒上發條的音樂盒。靈魂喜歡逗弄一切和電有關的東西，特別是電視、電話、鐘、燈和小型電器用品，尤其在清晨，這是有合理的原因，與浪漫無關。電流，以及帶有大量露水濕氣的黎明前空氣，都是靈魂完美的傳導體，有助將他們「導入」我們的次元。不像鬼魂，靈魂知道他們只是我們這個次元的訪客，所以如果你客氣的說他們已打擾到你，他們便會停止。靈魂不想驚嚇我們，他們只是想與我們分享這驚人又撫慰人心的事實：他們就在我們之間，按照字面上的說法，幾吋遠而已。

通常靈魂出現在算命的時候，他們並不說話，而是用手勢動作來溝通，好像在玩看手勢猜字謎的遊戲一樣。我雖然能看到並清楚描述他們的手勢，但我通常並不了解為什麼這些動作有重大的意義。

有一次，一位婦人要求我和她過世的先生接觸。她非常愛他，很想念他。那次，她的先生就站在她身後，顯現的非常清楚。我向她描述他的容貌，確認來到現場的確實是她先生，而不是其他的靈魂「到此一遊」吸引些注意力。然而，令我困惑的是，他開始重複同樣的手勢，一次又一次——兩手緊握，觸碰他的胸部，在喉嚨下方幾吋的地方。通常靈魂的手勢用來指出他們的死因，但因為他的手所接觸的地方離心臟還太高，對於被勒死或氣管問題的位置而言又太低，實在把我難倒了。

還好我從不胡亂猜測，而且我不會不好意思說：「我不知道」，要不然這次我很可能會因為讓自己胡謅些有關他先生胸骨，或其他什麼的事而害自己出糗。困惑之餘，我只是單純的將他先生的手勢示範給她看，並說：「他一直做這個動作。我不知道這是什麼意思。」

我一直忘不了她臉上乍現的光采。

原來她不久前，才將先生的結婚戒指串在她向來戴在脖子上的項鍊，這件事沒有一個人知道。戴的高度正是他先生兩手緊握碰觸的地方。這個我不了解的小小動作，就是她所需要的——證明了她先生一直在身邊陪伴且看顧著她。她離開我辦公室的那天，獲得了自先生死後一直渴求的心靈慰藉。

死後仍有生命，這是不爭的事實。我們只需要留意，並注意傾聽靈魂努力要傳達的訊息，不要要求多具有戲劇性，或是每次都要是重大消息；僅僅知道他們仍與我們同在，並以永恆的愛看顧我們，這樣的確定便已足夠。

戳記

每當回想起第一次和戳記（imprint）的接觸，我的胃仍然感覺一陣翻攪，很不幸的，這恐怖的經歷發生在我知道什麼是戳記之前。當時我和我前夫在棕櫚泉經過幾天的停留，正在開車回北加州家中的路上。在一個奇怪又柔和的黃昏，我們來到一五二號公路，當地人向來稱此路為「帕奇可通道」（Pacheco Pass）。

突然間，沒有一絲預兆，我被一種只能形容為痛苦、緊張和絕對可怕的「波」撞擊。這種感覺前所未有，我的心靈像是被一股愈來愈強的力量撕扯。感覺像是靈魂遭到攻擊，我第一個直覺反應就是祈禱，但我除了「我們慈愛的上帝」什麼都記不起來。一股瘋狂騷亂的聲音衝撞而來，憤怒、激烈的暴力、痛苦煩躁的無聲尖叫，所有我們想像中地獄裡的聲音，都朝我心靈撞擊。

我抓住我先生的手臂喊叫：「幫幫我！」他試著將車停到路邊，但路太狹窄沒有辦法。我所記得的是，他愈往前開，愈多的景象出現：殘忍、無情、野蠻的一幅幅靜止畫面——一群印第安人繞著在馬車裡被嚇壞的小孩；批著斗蓬的西班牙人無情的鞭打被鐵鏈鎖住的印第安人；墨西哥和美國的開拓者爆發激烈的戰鬥；一群人圍觀樹上一具被繩索吊死的屍體；燃燒的火炬點燃小木屋，無助的人家陷在火海裡。即使我閉上雙眼，試著逃脫這些屠殺的畫面，我仍然聞得到毒辣又令人窒息的槍彈火藥和血腥味。

車子開了很多哩後，不知道過了多久，我的驚慌才慢慢平息。連續好幾天，我心中有說不出的沮喪。家人和朋友深表同情並試著安慰我說，那些只是我這生所有特別強烈的心靈印象的聚集，但我心裡知道並不是如此，而且我不會是唯一在那路上被這種恐怖經驗襲擊的人。於是我透過當地的電台節目，詢問是否有人在「帕奇可通道」有過任何不尋常的經歷。

我的涅盤基金會的辦公室湧入了大量的信件和電話，這些我到現在都留存著檔案。每個人描述的字眼或有不同，但經驗都是一樣的：「絕望」、「迷失、驚慌和昏眩」、「可怕至極」、「完全無助和孤離，以為逃不出了」、「嚇死我了」、「從沒有這麼可怕過」、「我以為我快死了」。加州公路的巡警說這一帶發生車禍、口角、打鬥和自殺的比例高於其他地區，而且大家都相信在那裡會特別想死。另一位副隊長說，「我認識一些人都說他們絕不會開車經過『帕奇可通道』，他們嚇都嚇死了。」

有少數人甚至還提到時間的扭曲：「我們經過時多出四十五分鐘，來時卻不見了一小時。」為了證實也出於好奇，我又不怕死的去了一次，重新經歷可怕的夢魘。結果，我也短少了一小時。

「帕奇可通道」，穿過五號州際公路和一零一號公路經過的海岸線，在一八四三年時以擁有這塊地的地主唐法藍西司科帕奇可（Don Francisco Pacheco）命名。這個地區兩百年來發生了太多難以形容的悲劇。在一八〇〇年早期，西班牙封建帝國將印第安人當成奴隸，將他們用鐵鏈綁住，無情的毒打和殺害；墨西哥土匪和解除奴隸身份的印第安人互相殘殺；稍後的淘金熱引來的大批美國拓荒者和印第安人也發生過可怕猛烈的爭鬥。

我之所以會研究戳記，全歸於這趟棕櫚泉的回程；這段我原以為會是很無聊很平靜的旅程。

基本上，戳記是能量的漩渦，情緒的百慕達三角洲。它是因為高度集中聚集的強烈情緒和情感引起——諸如憤怒、暴力、哀傷、恐怖——在一個特定的地區聚合，經過時間的強化，變成一個獨立自給的能量體。所有周遭裡外的氣氛，就像一個看不見的面紗，當漩渦持續漩動它原有的能量時，能量體也同時因為不斷吸收通過它路徑的情緒而強化，彼此相生，形成一種無法抹滅的印記。我們感受到戳記濃縮的情感的力量，也因此情緒有了強烈的回應，而這種強烈回應又回饋了戳記，使得它更為強大嚇人。

從二十年前那個難忘的夜晚後，我接觸過世界各地的戳記，也被它們的力量影響情緒。你也可能有過這樣的經驗，就像我第一次經歷時不了解為什麼會這樣，而且它們的衝擊強到難以擺脫。戰場、集中營，任何人類對彼此殘酷不仁的地區，都會引發這種讓我記憶猶新的強烈驚恐、迷惑和沮喪感。然而，並不光是暴力才會引發戳記，如果你曾站在哭牆旁邊，或越戰紀念碑，或曾走過法蒂瑪（Fatima）、露德（Lourdes）（譯註：兩地皆為聖母顯現地）的朝聖之旅，以及所有偉大奇蹟發生之處，你就會知道，強大的正面情感也會留下印記。

戳記也可能存在於房子裡，就像我以前在堪薩斯城的那間屋子。它是一個佔地廣闊的新屋，我第一任丈夫驕傲的為我和我們初生的孩子保羅所購置，我們正式的成為有屋階級。當時在踏進房子的那一刻，我就知道屋子裡有某件事很不對勁（並不光是我丈夫而已），這個地方不只令我害怕，也讓小嬰兒、我的德國牧羊犬和我妹妹莎朗感到不安。住進去之後發生了種種怪事，我的身體變得很差，曾住院開刀了五小時。我的婚姻破碎了、我的先生失業了，還有許多離奇的現象：龍捲風掃過整個鎮，其他的屋子好端端沒事，就我們的房子遭殃。我們的牧羊犬在沒有人接近牠的情況下從紗門被拋到屋外，房子沒有原因的著火。除此之外，屋內的牆上還會出現發出藍光的幽靈。

法藍欣要我去當地的圖書館，我因而從古老的土地讓渡書和地圖中發現，原來我們那全新的房子是建在曾是印第安墓地的神聖土地上，那是絕對不該被打擾的一塊地。在我經過「帕奇可通道」前，我一直以為我們當時是被鬼魂纏擾。自從「帕奇可通道」的經驗及它所激發的研究，我現在知道，我們當時正是不偏不倚的住在戳記的正中心，才會有這些又奇怪又不順遂的事情發生。

提到房子，提醒了我另一個有力的情緒——喜悅——也一樣可以創造戳記。有一次我帶著我的兩個孩子回到我以前的家，堪薩斯城市做短暫的旅行。我決定帶他們去我以前住的房子，我長大的地方。雖然那裡有些不愉快的記憶，我仍然很喜歡那屋子。（你是否厭煩了聽到人們抱怨，說他們家是「問題家庭」？事實是，那個家庭沒有問題？）

住在那裡的人家開了門，我開始自我介紹。她友善的打斷我的話，「我知道你是誰，我住在這裡的每一天都聽到你的聲音。」如果這件事發生在最近，我會很習慣人們認出我的聲音，因為拜媒體所賜。而且我相信我的聲音很「特別」——每個我遇到的醫生都堅持要替我做檢查，他們總是懷疑我有喉癌。但這次的旅行是在我出現在電視節目的好幾年前。

當女主人親切和藹的邀請我們進房時，我問她，她剛剛說的話是什麼意思。她解釋，我的聲音，尤其是笑聲，經常會在房子裡「飄浮」，若隱若現。她很快就習慣了，而且因為聲音很友善，她知道沒有害怕的必要。說是這麼說，但當她發現聲音是屬於活生生的人時，她還是鬆了一大口氣——不怕鬼的人還真是不多。

坦白說，就是因為我還活著，這個情況才令我不解。我曾有過無數次與不具肉身的聲音接觸的經驗，但他們都是已過世的人了，而我，還是血肉之軀，正呼吸著新鮮空氣呢。當女主人繼續說著：「我甚至可以說出哪一間是你的臥房——你大多時的笑聲都是由那傳出的！」，這句話解開了我的疑惑。她帶領我們到頂樓右邊的第一個房間——對於有著四間分散在各樓層的臥房來說，實在很難憑空猜到。

我從日後的許多研究和經驗得知，活著的人如果在某處留有強烈的情感，也一樣可以產生戳記。我不確定我對這發現該作何想法。一方面來說，我喜歡這種我們可以不必死亡，也能將快樂和笑聲的印記留在空氣中的情形。但從另一方面來看，假設一路上我們留下的並不都是快樂和歡笑，而是負面情緒的戳記時……，對於那個空間的無辜後繼者來說，似乎就像個惡作劇。顯然的，當約翰鄧恩（John Donne，譯注：英國十七世紀詩人）說：「沒有人可以是一座孤島。」時，他確實不是說笑。我們一直都在互相影響著彼此，不論是否謀面。對於那位住在我堪薩斯老家的可愛婦人，我除了感謝她讓我的戳記有個親切溫和的女主人外，我會試著放低音量。

動能

《道寧國際心靈百科全書》將動能（kinetic energy）定義為「物體自發性的運動，不是出於意志，也沒有世俗的方法介入。」換句話說，不像精神力動能（psycho - kineticenergy）是一種刻意以心智來操控可見的物體。動能的力量是出於無意識的一種罕見現象，通常會和鬼屋現象搞混。有些人為的騙局讓大家對精神力動能和動能都抱持懷疑的態度，但是它們確實存在，相信我。

我的大兒子保羅和我的孫女安潔利亞都有這種天賦，但並未接受特別訓練。所以如果有人認為這類事情根本是無稽之談，很好，那我竭誠邀請你來收拾他們「無意」製造的混亂殘局。保羅已經是成年人，也比較能控制這種能力。安潔利亞只有六歲，還是貪玩的年齡，她認為一走進房間，然後所有的電腦、傳真機和影印機都相繼當機是件挺好玩的事。我和另一個兒子克里斯多夫就沒有這種動能能力，但我必須承認，如果我有這個天賦，我也很可能會偶爾自娛一番。

如果有物體在你家裡騰空飛過，或是電器用品同時像瘋了一樣不聽使喚，或是掛在牆上好端端的照片掉了下來，你最喜歡的毛毯突然蒙住你的頭，這些可能和靈魂、鬼魂及戳記都無關。有可能是你，或跟你住在一起的某人，具有動能天賦。如果真是如此，我建議你盡可能保持耐心去理解這種現象。除非一個具此天賦的人經過良好聲譽的超心理學家鑑定、確認他的能力並接受訓練，要不然他們真的不是蓄意要製造這些喧囂及混亂，或是故意要讓你的修理費用高漲。而且長期來說，他們面臨潛在危險的可能性比你還高；通常具有強烈動能的人，即使他們受過訓練，能加以控制這種能力，他們仍然容易有身體方面的問題，尤其是心臟痲痺，因為動能產生時，會有強力的電流流經身體。

如果你覺得荷爾蒙為我們惹的禍還不夠多，它在動能這現象上也插上了一腳。當荷爾蒙上下波動時，動能也達到最高峰。前青春期和青春期的青少年、懷孕和更年期的婦女，都特別有可能爆發動能。尤其在睡前，當意識正將控制權移交給潛意識時，這是最典型最混亂的時刻。

在我的兒子保羅要進入青春期時，每天晚上他睡覺後，我總會聽見連串的砰砰聲響從他關上的房門內傳來。聽起來就像是他穿上球鞋，在牆上跳踢踏舞一樣。（在我們這個家，這不是不可能的事。）經過好幾個惱人的夜晚，我終於發現是怎麼回事了。我那具有動能天賦的兒子，每當一入睡，就會無意識的引起每一雙鞋在房內亂跑。很明顯的，他不是故意的，所以我沒有理由懲罰他，或是用做父母最喜歡的那招，搬出無聊的長篇大論對他疲勞轟炸。我的做法是，每當喧鬧又開始時，我會大聲的敲著他房門說道：「保羅，醒來！停止。」這一招屢試不爽，次次見效。

你可能會好奇，動能會不會遺傳？也許我可以藉由回溯我的近代家族史來回答這個問題。我的祖母艾達有心靈能力，但不是動能這一種。我的父母親兩者都沒有。我的妹妹莎朗亦然。我的兒子保羅有動能，但不是靈媒。我的另一個兒子是靈媒，但沒有動能力。我的孫女有通靈能力也有動能力，但他父親不是保羅，而是克里斯多夫。克里斯多夫的另一個孩子，威廉，沒有動能也沒有通靈能力，他就是一個可愛，快樂的小嬰兒。這樣的說明有幫助嗎？

我想沒有。

潔淨並祝福你的家

我真希望我能早點學到這些事情，如果是在當年掉入印第安墳墓區的時候就好了，我就不會那麼無助，弄得身心都不安寧。我想，法藍欣每次看著我試圖靠自己找出答案，但最後仍得求助於她的景象，一定看得煩死了。我現在會在緊急情況時為我自己和客戶進行一些儀式，而這些儀式也確實有幫助。它們比起我們每天固定要做的家務事要來得省時也不費力，但得到的結果對自己和家人的身心靈健康都有很大的效益。

我推薦大家使用這些小方法，對那些有理由相信自己住的地方有鬼，有靈體出沒或受到戳記效應影響的人，我特別強烈的建議你們使用。我不想讓你們對某些特定地點存有負面的想法，但如果你們居住或工作的地方，或是附近，曾經有暴力死亡事件發生，請特別注意下列的建議，然後花幾分鐘進行。

覓屋　不論你是買還是租，是公寓套房還是別墅，這個方法都一樣重要且適用。找房子時，我們總是將焦點放在價錢多少、面積大小、幾間臥房，關心景觀好不好、視野遼不遼闊。我們常忘了考慮：房子的歷史以及它所建構於上的土地的歷史。我們甚至也會忘了要了解房子是否有老鼠、蟑螂或白蟻等問題的困擾。對於我們即將稱為「家」的地方的靈性環境，我們怎麼能如此輕忽？

如果你能花時間踏進每個房間，檢視著衣櫃大小和地毯顏色，你也可以多花一分鐘在每間房間問自己——「這裡感覺如何？」然後注意第一個進入你心裡的答案。就如我所說，當我第一次踏進我那佔地廣闊的新家時，我就知道有事不對勁，但我並沒有根據感應行事，以致我的小孩、狗、婚姻和自己，都付出了代價。我從那個錯誤裡學習，我希望你也是。如果某地讓你有陰森、毛骨悚然或任何負面的字眼和感覺，離開那個地方。一定會有人說你神經過敏，可笑，和／或瘋了。但誰在乎呢？保護自己和所愛的人絕不是敏感、可笑、和／或瘋狂。

傢飾品　讓我先說清楚：我喜歡古董，我買古董。我絕不會鼓勵別人不去買古董，也不會拒絕接受親屬和友人傳下來的東西或遺贈品。但在我帶回家前，我絕對會先花幾分鐘的時間觸摸並專心感受它，感應自己對它的感覺；我不會冒然就將它們帶回去。一個鬼魂可能會對某樣物品依依不捨，相信東西仍是屬於他的。而靈魂也很可能會因為長期喜歡一樣東西而常常來探視它，不管東西在哪裡。而每一個物品都具有吸收戳記能量的能力，可能是快樂，也有可能是不愉快的情緒。你的五種感官一直都在忙碌運作，現在，給你的第六感一次機會表現。第六感會在緊急和負面狀況時警告你，它也同樣能在你逛街購物時給你提示。

事實上，當我購買全新的物品時，我也採取同樣的態度。你也是。只是你可能從沒注意到自己所做的。假設你在店裡看到喜歡的東西，你拿起來握在手上，可是突然間，沒有任何原因，你決定你對它沒有興趣了，不想買了。這就是有某個地方你覺得不對勁。要明確指認出是哪裡不對並不重要，只要你能感覺到，並且不去買它就夠了。所以我建議的，其實只是要你變得較為感知，並且順從你早已存在的直覺。在我們的生活中已有太多負面的事物，我們真的不需要再買並帶回家更多負面的東西了。

如果你的直覺告訴你買吧，或是你對你要買的東西沒有任何感覺，很好。但只要有絲毫怪怪或像是警告的感受，最好是將它放回原處，然後離開。

如果你像我一樣，有些時候明明感覺到某些不對勁，卻又對它愛不釋手，不買不行，那麼在你將那樣新東西或古董帶回家之前——先聲明，請不要抓狂到將所有雜貨、日常用品都這麼如法泡製——你可以祝福它，或給它一個「性靈洗禮」，而且只要花上少於刷牙的時間。

性靈洗禮　你可以在心裡想像這件物品，或是就站在它旁邊，想像有道明亮的白光，愈亮愈好，將這樣物品由上至下完全籠罩。然後，維持那個畫面，請求上帝用聖靈的白光圍繞，並將它可能有的任何負面，釋放到祂的慈愛中。

就是這麼簡單，信不信由你，它真的可以有所不同。而且現在開始也不會太遲。如果你有滿屋子未經洗禮的東西，你可以一件件進行，或透過另一個不同、較不「名譽」的技巧（驅邪），一次祝福整間房子或公寓裡的所有物品。

驅邪儀式　我會在第七章說明為什麼我不相信人會被惡魔附身，但我知道我們住的房子的確會有這種情形。驅邪儀式只是表示潔淨任何可能佔據在那個空間的負面靈體和戳記。這是很容易也值得去做的小儀式。不管這是你將要搬進去的地方，或者你已經住了好多年了，施法都依然可以派上用場。

如果你希望由你的牧師，神父，拉比，或靈性導師來施以驅邪儀式，誰來做都沒有關係。但在神的眼中，你們都是一樣崇高有價值。所以實在沒有理由你不能自己執行。

老實說，當法藍欣第一次建議我執行驅邪儀式，並告訴我如何進行時，我轉了轉我的眼睛，然後說，這聽起來是件很做作的事。你也可能會有和我當初一樣的想法，你或許也會懷疑它的效果，所以我將法藍欣的說法告訴你：任何古代的神聖儀式，不論是源自哪種宗教，都是非常有力量而且有效，因為它們繼承的是不分年代的聖潔和神性，所以不要小看了這些儀式的力量。

在親身做過之前，我依然對這個說法存疑，直到自己試過以後。不用說，法藍欣又再一次是對的。在這個方法中，你所需要的只是鹽、一根白色蠟燭和聖水。鹽是古代淨化的象徵，白色蠟燭單純表示正面的靈性力量。

我知道，你會說你沒有聖水。事實上，你可以自己製造。你只要將一般的水放在陽光下直接照射三小時，然後在這三個小時裡，每隔一小時在水上畫上符號——做任何對你具有靈性意義和力量的象徵。舉例來說，我就是劃十字。

到了晚上，在三的倍數的時間（三點、六點、九點或十二點），用白色蠟燭照路，繞著房子外圍將鹽灑下，直到完整的灑完一整圈。（當你的鄰居問你在做什麼時，只要說你在殺蝸牛就好。）當你經過每一扇窗戶和門時，停下腳步，用聖水潑灑，再次的，做任何對你有靈性意義和力量的符號動作。

當你用鹽圍著房子灑上一圈，並用聖水將門窗象徵性的封起後，帶著白色蠟燭進入房子裡，走進每一間房間，用更多聖水和你信仰的象徵或記號祝福每個房間。從房子的前頭走到後頭時，重複下面的祈禱詞。

「親愛的天父，請祢以聖潔的白光淨化並治癒這個房間。從內洗滌所有的負面，並讓這空間充滿祢慈愛的光輝。」

就是這麼簡單！

07 黑暗界：如何保護自己免於身邊邪惡的侵擾

「黑暗界」一點也不希望看到自己被公諸於世。開始進行這章的第一天，琳賽和我坐下，如常準備錄音的工作，我們使用的是和完成其他章節同樣的錄音設備，但倒帶時卻發現，錄了三個小時下來，我的聲音都被一種怪異，尖叫似的靜電聲干擾。我們拒絕接受失敗，於是將錄音帶交給一位錄音工程師，他自信可以為我們解決問題，救回這些帶子。幾天後，他打電話來表示歉意。他說他已努力，也試過每本專業書上所說的方法，還是無能為力，這些錄音帶仍像我們當初交給他時一樣聽不出內容，毫無價值。

我們決定再試，第二次坐下來為「黑暗界」的主題錄音。那晚，在我們工作的那間房間，每十分鐘，燈總會自動滅上十五到二十秒，而且只在我們工作的房間（我們有人證）。即使是鄰近的浴室，燈都還是亮的，絲毫沒有異樣。這個奇怪的現象是黑暗勢力給我們的一個明確、但孩子氣的信號——他們並不喜歡被談論，或是，正確的說——曝光。

「黑暗存有」（dark entities）是很典型的心胸狹窄和自私，他們的確會去干擾一本他們不會讀的書。相信我，任何探討和珍視我們靈性本質的書，「黑暗存有」一點興趣也沒有。事實上，如果你發現自己在閱讀這本書時，懷疑自己是否有可能是「黑暗存有」，在此我可以保證，你不是，要不然你手上就根本不會有這本書。「黑暗存有」從不會花時間懷疑自己是不是黑暗使者——不是因為他們早知道自己就是，而是因為他們並不像我們——他們根本不在乎。

在本章，我會討論「黑暗存有」、「白色存有」（white entities）和灰色存有（gray entities）。黑、白、灰，只是用來形容靈魂讓上帝的光存在其內的程度。如果你認為人類靈性的黑、白、灰和人種膚色有任何關聯，你實在需要好好反省。

何謂黑暗界？

上帝並沒有創造代表黑暗界的邪惡、混亂和負面等性質。如果祂要創造出這些，則有部分的祂必然也是邪惡、負面和混亂，但我們知道這不是真的。

黑暗界存在的原因是因為神賦予了每個靈魂寶貴的自由意志，而有些靈魂以自由意志拒絕了光並擁抱黑暗。神從不會拒絕我們，但祂也不會禁止任何人背離祂。

當神看到有些靈體選擇了黑暗，祂並沒有因此拋棄這些在地球上的靈魂，而是將他們交付給路西法照顧。祂派遣路西法（Lucifer，俗稱撒旦），祂最美麗、摯愛和具有力量的天使之一，來看顧這些迷失的靈魂。路西法並不像多數人以為的是邪惡的化身，他並不黑暗也不是墮落天使。神也沒有排斥他，將他從光中逐出。事實上，路西法這個名字正代表「光」。

我並不相信有所謂的魔鬼。我不相信有頭上長角，穿著紅衣，手上拿著長柄叉的可怕難纏的叫作「撒旦」的邪惡東西。因此，我也不相信有個永恆熾熱稱為「地獄」的地方。那是某個殘忍的神蓄意將每位得罪祂的人宣判死刑，永不得翻身的方法。如果這是真的，那麼以前因為在星期五吃肉，而被因此罰下地獄的天主教徒怎麼辦？現在的天主教戒規已經有所不同，教徒可以在星期五吃肉了，如果他們想的話。那麼以前因為吃肉而下地獄的教友們，在教規修正後是否可以離開了，還是依然被困在地獄裡受煎熬？浸信會教徒相信跳舞是罪惡的，那麼可憐的舞王佛雷亞斯坦（Fred Astaire，譯註：美國三十年代以舞蹈著名的明星）或金凱利（Gene Kelly）怎麼辦？我很抱歉，但你愈是應用簡單的邏輯思考，這樁有關地獄的事，在我認為就愈是禁不起檢驗。

但最重要的，創造我們的神並不評斷、不懲罰，當然也不會譴責。我們都是祂所創造，我們都是祂的孩子。祂對每一個人的愛都是無條件和永恆的。是的，拒絕神和祂的愛確實會有些後果，但這並不是由上帝判決。是那些寧可選擇活在黑暗中的靈魂判決了自己。所以當我們討論「黑暗界」時，請不要想像有一群邪惡的傢伙，在撒旦的指令下，像蝙蝠般地在地獄飛來飛去。這個畫面很可怕，在電影上看起來或許很震撼，但它絕對不是真的。

「黑暗界」存在於人類和靈魂兩種形式，就像「白色存有」一樣。活在我們周遭，以人類形態存在的黑暗存有，可以是我們的家人、鄰居、愛人、同事或朋友。當「黑暗」的人類死去，他們的靈魂雖然離開了身體，但這些靈魂的負面能量可以在我們毫無所覺下深深影響我們。（包括，舉個我現在想到的例子，干擾錄音和開關燈光）但不論他們是人類或靈體的形式，在「黑暗界」的「黑暗存有」都具有相同的特質：

首先，他們沒有良知，對所作的行為沒有責任感，也不會有悔恨哀傷的情緒。他們會攬走所有的功勞，而錯誤都與他們無關。在他們的想法中，如果他們傷害了你，若不是你的錯，就是你自找的。換句話說，如果他們刺你一刀，那是因為你自己跑進他們的刀子裡。如果你批評他們，並不是他們活該被批評，而是你太笨、太膚淺，不懂得了解和欣賞他們。自圓其說、自我辯白，對他們就像呼吸一樣自然。在他們的眼中，你是少數幾個雀屏中選的幸運兒，才能讓他們注意到你並陪伴你。相信我，維持任何這類的關係都是貶低自我，絕對不要接受。

在精神病學上的說法，人類型態的「黑暗存有」就像是存在於我們之間的反社會的人。他們能聰明的模仿人類的情緒，而不需真的感受到這些情感。他們可以難以置信的迷人（只為了引誘你親近）；他們可以看似非常敏感、慈悲、富同情心、令人愉快喜愛；在他們傷害你後，也可以看起來很真誠的抱歉，讓你摸不清他們真正的本質。他們可以假裝和你有同樣的興趣——包括神和靈性的事——以便製造你和他們有共同點的假象。對他們而言，這只是一場表演，一旦他們確信已完全控制了你，他們就會停止演出。

遺憾的是，我們這類「白色存有」，因為所有的情緒和信仰是真實的，很難相信會有人可以偽裝這一切。所以當「黑暗存有」卸下他們的面具時，我們並不會因此離開，反而會陪在他們身邊，想努力拯救這些美好又善良的人迷途知返。因為我們曾親眼看見他們的好，所以很難想像或相信他們並不只是一時迷失。然而，有關「黑暗存有」的事實卻是——這些美好性質根本不曾真正存在過。

第二，「黑暗存有」並不會真心去了解或關心周遭的人。他們關心、在意的是從周圍的人的眼中，所反映出的自我形象。對他們而言，「白色存有」只是用來讚美自己的「活動鏡子」。只要透過我們的眼中，他們看到的是取悅奉承，我們的存在對他們便有了價值。但一旦我們發現眼前所見只是偽裝，而他們所具備的不論什麼個性或正直，只是因為我們一廂情願的想當然爾，他們就會有兩種方式回應。他們要不會保持距離，要不就會重施舊技，重複當初獲得我們認同的行為，試著再次贏得我們的心。

第三，「黑暗存有」依據自己一套霸道自私的規則行事，這規則可隨時依他們的心意改變，而且並不適用於他人。在他們的想法中，他們的行為永遠是被接受的，但如果有人用同樣的行為對待他們，他們會感到憤怒或深深受傷。「白色存有」總是會試著諒解這一切，並加以配合。這麼做很合情理，但沒有用。因為在今天可以取悅「黑暗存有」的規則和行為舉止，明天可能就會激怒他們，惹得他們勃然大怒。結果是，「白色存有」總是被搞得失去平衡，滿心的困惑，這使得「黑暗存有」有更多的控制和力量。

「黑暗存有」的目標並不是將「白色存有」轉變成「黑」的。這不可能做得到。他們的目標是毀滅「白色存有」——不是肉體，而是情緒上的。黑暗唯一存在的方式就是遮掩、毀滅光芒，這也是「黑暗存有」的目的和樂趣所在。他們忙著誘惑盡可能多的「白色存有」進入他們黑暗的影響力，然後製造「白色存有」的情緒風暴，引發自我懷疑、罪惡感和沮喪的心情。「黑暗存有」會侮辱、貶低你，在一段關係中，如果「白色存有」不照他的期望去做，他會威脅要結束關係。他同時堅稱除了他以外，沒有人會想要和毫無價值的你有任何關聯。他們恐嚇一旦離開，會將所有對你有意義的事物一併帶走。換句話說，他們會盡其所能讓「白色存有」感到脆弱、沒有安全感，也因此拿走了「白色存有」原來擁有的自我力量。

問題是，「白色存有」是有良知的。我們敏感、具同情心，而且認真看待人生的責任。我們的天性是相信那些我們關心的人。這些是我們一開始吸引「黑暗存有」接近的特質。他們喜歡從我們的眼中看到被奉承的自己，他們知道我們傾向將他們的黑暗視為某種哀傷或痛苦的表徵，而試著伸出援手。你一定聽過「好心沒好報」這句話。我覺得這句話是某個「白色存有」試著解救好似受困、被誤解的「黑暗存有」時，心有所感而說的話。如果現在的你正試著用愛和／或友誼援助某個你生命中的「黑暗存有」，請問問自己一個簡單的問題：你覺得你的努力和付出，所獲得的是讚賞還是懲罰？

對旁人見死不救，並不符合教育和人道主義的原則。但我向你保證，你的時間和精力可以用在更有價值的事上。你不需浪費時間在解救一個你以為只要稍做「改變」（當「白色存有」談到生命中的「黑暗存有」時常使用的目標字眼），只要接受了你所引進的光，「黑暗存有」便會成為一個美好良善的人。一個「黑暗存有」不能成為「白色存有」，就如「白色存有」不會成為「黑暗存有」一樣。你不能向一個根本不存在的良心訴求，而且不要忘了，「黑暗存有」根本沒有良知。更何況，你要如何讓一個根本不覺得自己有錯的人感受真正的悔意？我這樣講不僅是以靈媒的身份，也是以一個吃到苦頭才得到教訓的普通人的立場：如果在你的生命中，有任何人是「黑暗存有」——一個朋友、戀人、配偶或家庭成員——請遵從耶穌的告誡：「抖落腳上的塵埃，（然後）離開。」

本章開始時，我曾提到以靈體形式存在的「黑暗存有」試圖干擾進行的幾個小把戲。在此，我舉一個人類形態的「黑暗存有」的例子，可能對你有些參考價值：我的母親就是個「黑暗存有」。她是個會施予身體和情緒暴力的母親，有著我所提到的「黑暗存有」的每個性質。當我成年時，我終於停止嘗試去「幫助她」或使她快樂，或試著找到我們共同的靈性背景。我也放棄和她爭論，因為只是白費唇舌和時間。我忍住不對她的精神虐待報復，我也避免在她的餘生中和她再有任何個人接觸。對此我一直感到愧疚，常常和我的罪惡感掙扎，直到有天和法藍欣談到這個話題。我說，再怎麼說十誡之一就是「榮耀你的父母。」她平靜的回答：「當然，如果他們是值得榮耀的。」從那一刻起，我再也沒有因為與我的母親保持距離而愧疚了。直到她過世，我一直幫助她，並確定她得到完善的照顧——雖然都是隔著一段距離。

我在來到人世前撰寫了我這生的藍圖，這表示是我自己選擇了一位「黑暗存有」做為母親。當我年輕時，還曾為此下了個結論——我在計畫藍圖時，很明顯的，一定是腦袋不清楚。但現在回頭看，我了解了為什麼我會做這樣的選擇。每一件我所知道如何作個好母親的事，我都是向她學來的——在每種狀況下，她會對子女所做的事，我便採取完全相反的作法。我不是在說笑。長年下來，我的孩子們總向我保證好多次，我是個好母親，他們也讓我親近的參與他們小孩的成長過程。

我想在此引用法藍欣說的另一句話：「一個白色存有可以驅散一千個黑暗存有。」請注意，是驅散這個字；不是**拯救**，不是**轉化**，也不是**改造**。只是驅離，使他們轉向、離開。不管是人類或靈魂形式的「黑暗存有」，他們的負面能量都能耗損敏感又關愛的「白色存有」。在本章稍後，我會告訴你如何在靈性上保護自己免於「黑暗存有」的傷害。但一般而言，對付人類形式的「黑暗存有」的最好方法，就是一句堅定的「不，謝謝！」然後盡速離開。

要完整說明什麼是「黑暗存有」，就必須說明什麼**不是**「黑暗存有」——並不是所有的謀殺犯和其他罪犯都是「黑暗存有」。並不是讓你挫敗或和你分手的人都是「黑暗存有」。並不是每個批評你的人都是。不是每個霸住遙控器，或硬超你車，或在超市明明有12樣東西卻排到10樣以內快速結帳櫃台的人都是「黑暗存有」。不是每個不喜歡你的人是

「黑暗存有」，不是每個你不喜歡的人是「黑暗存有」。我並不是在貼標籤，或評斷任何人，或自以為是多了不起的靈性人物，這種行為是令人厭惡的。然而，未經思考便魯莽的將某某人歸類為「黑暗存有」是輕忽了這個主題的真正意涵。

「黑暗存有」的定義與分野遠比表面所見來得複雜。以猶大為例，歷史上最富臭名的人之一。他是基督所愛的門徒，卻為了三十銀幣而出賣基督。他是最該為基督被釘十字架負責的人之一。猶大的角色導致了可能是我們所知世上最純淨、最明亮的光被消滅。任何一個存有都不可能再比他黑暗了，對吧？

但這個背叛行為對基督教信仰的誕生卻是絕對必要的。耶穌甚至在最後的晚餐時預告了此事。總要有人實踐這個命運。總要有人將猶大寫入生命藍圖——一個做了痛苦決定，將他最珍愛、崇敬的友人交給了置其於死地的士兵的叛徒。當耶穌被監禁，猶大被自己的行為嚇壞了，他感到哀痛至極，拒絕接受那些銀幣，他最後在羞愧中上吊自殺。

這樣的行為跟「黑暗存有」一點都不像。一個真正的「黑暗存有」會將賞金收下，然後愉快的離開，並繼續尋找下個受害者。他不會因為毀了一個「白色存有」而有絲毫良心上的呵責或懊悔。

所以你不能就只是指著某人說：「好，這個人做了很卑劣的事，所以他是『黑暗存有』。」同時，「黑暗存有」也不包括患有心智上的疾病或遺傳上化學物質失衡的人，這又使得要區分「黑暗存有」更為複雜。我相信，整本聖經上最重要的教誨之一是「不要論斷人，免得你們被論斷」。我一再強調，解釋「黑暗存有」的存在，讓他們的本質曝光，並不是要指出誰是「黑暗存有」或是發起一個靈性菁英的運動。我的用意是指出「黑暗存有」共同的特性，所以我們可以學著認出他們，了解他們的手法和企圖，然後避開他們就像濾過性病毒一樣。

如果在你的生命中，有人讓你覺得枯竭、沮喪、虛弱、疲累、不安全感、軟弱、悲觀、困惑、無助、感覺自己不足、不適當，甚至感到嘔心頭痛，我不會說他們一定就是「黑暗存有」，但你應該遠離他們以防萬一。「黑暗存有」藉由旁人沮喪、恐懼、煎熬和混亂的情緒而茁壯。這些現象是未被保護的「白色存有」和「黑暗存有」相處太久後通常會經驗到的感受。你的情緒抗拒愈是脆弱，「黑暗存有」愈容易操控並擺佈你。他們的負面能量可以和「白色存有」的正面能量一樣真實有力。所以一旦他們讓你有了任何或如上所述全部的負面症狀，他們就愈能控制你，我們「白色存有」絕不能讓他們洋洋得意。

「黑暗存有」當然不是意外產生。他們的靈性之所以貧乏，是有原因的。雖然並沒有地獄這麼回事，但他們確實因為選擇黑暗替代光明，而付出了相當高的代價。

轉世之間的黑暗界

在我還沒對「黑暗界」進行深度探討前，我曾經想過，如果有天一位「黑暗存有」來找我算命，希望我提供些忠告和意見，我會怎麼做？我並不怕他們，這要謝謝我的母親，讓我有許多「黑暗」的經驗。但為了某個我並不明瞭的原因，我不認為「黑暗存有」會有什麼可讓靈媒算的。

經過多年的研究，我終於了解了為什麼。

在「另一邊」有兩扇門，一左，一右。

「白色存有」「死」時，會進入右邊這道門。通常這是趟愉悅的旅程，我們甚至不會注意到有這麼一扇門。我們只是喜悅的跟隨白光踏進這道門。

「黑暗存有」，反過來說，則是通過左邊這道門，進入了虛無、絕望和無助的深淵——靈性的死寂黑暗——和上帝無條件的愛的純淨白光完全相反的境地。再次重申，並不是上帝將他們推進左邊的門。「左邊門的人」和神分離，因為他們選擇離棄上帝。他們在那裡並不會停留太久。在通過了那扇黑暗、沒有希望、沒有愛的空虛的左邊門，他們立刻進入子宮，準備下一世的地球生命，反覆某種像馬蹄鐵U字形的循環模式。

這解釋了為什麼我總是覺得「黑暗存有」沒什麼可以算的，也沒有什麼建議是我可以提供的。原來根本就沒有。他們一次次的輪迴，沒有人生藍圖，沒有指導靈的協助，沒有天使，沒有祥和、智慧和洞見，他們不能和心愛的人團聚，沒有上帝光芒裡完美的愛和喜悅——沒有我們在「另一邊」可以期望和仰賴的資源。（舉例來說，我相信我母親離開地球後，經過了左邊這扇門進入黑暗，然後立刻到了某個可憐的依索匹亞婦人的子宮。）雖然「黑暗存有」選擇了黑暗，但是他們並不是就此永遠和上帝絕緣。遲早有一天，「另一邊」具有力量的「白色存有」們會在「黑暗存有」於不同次元轉換的間隙，及時「趕上」他們，帶他們回家，再次被聖靈的白光擁抱。但在那之前，「黑暗存有」向他們所選擇的黑暗、沒有規劃、沒有神的旅程前行，是我們無法想像也無力援救的。

就像「白色存有」一樣，有些「黑暗存有」在死後也不知道他們已經死亡，因而有段時間會在人間飄蕩逗留；有些則在短暫的轉世空檔以靈體形態拜訪我們的次元。如果可以選擇，我寧願和一個以鬼魂或靈體形式的「黑暗存有」打交道，也不要和人類形態的「黑暗存有」交手。但再次的，不論是哪種形式，他們都能用負面的能量創造出大大小小的混亂。他們可以玩弄、破壞車子、電話、家電品、電腦、電視、任何機械或電器。他們也能影響一個空間的整體氣氛，所以很可能突然之間，不知那根筋不對，就算最快樂最和藹的人，都會沒來由的變得沮喪、焦慮，或是奇怪的互相怒喝，大吼大叫。

當我們遇到這種狀況時，一定要說出來。如果是「黑暗存有」在作怪，很可能你並不是團體裡唯一覺得被「襲擊」的人。當你說出你的車子毫無理由的異常，或是突然的頭痛，以及好端端的情緒突然變得很糟很壞時，你會很驚訝的聽到周圍的人附和說「我也是」的高比例。

說出來，可以幫助你驅散心中所感受的無助感和困惑，所謂的冤有頭債有主，去責怪那該被責怪的——「黑暗存有」的負面力量。將這些受擾的情緒拖到「白色存有」的光下檢驗，就是使他們消失的最快方法。

說到「曝光」，我想澄清幾件有關靈體形態的「黑暗存有」的迷思，因為在某些情況下，他們的力量被不實的誇大了。

1. **黑暗的靈體傷害不了你的身體**。在最壞的情況下，他們只能引起足夠的混亂，以致你變得分心，因閃神而意外傷到自己。
2. **他們不能命令你，令你自殺**。在最壞情況下，他們只能讓你非常沮喪，以致你可能失序，脫離了生活軌道，但這只是暫時的，而且這不是你的錯！不要因此讓你的光消逝而稱了他們的心。「白色存有」的我們需要彼此，只要團結一起，我們的力量遠勝過他們。
3. **他們不能對你下詛咒**。本章稍後我會解釋根本就沒有詛咒這回事。
4. 最重要的，**他們附不了你的身**。

我不相信有惡魔或邪靈附身這種事。但提醒你，我也曾施法驅魔過，然而只在某人非常相信自己已被附身，而除了驅魔外，沒有任何其他方式可以被「治癒」時，我才會這麼做。即使在這種情況下，執行驅邪過程時，我仍然會向他們一再保證，沒有魔鬼，也沒有惡魔——縱使有，他們也沒有力量實質入侵你的心智或身體。

對此，我有專家的背書——我的指導靈法藍欣——她說，「沒有靈體，不管是白或黑，能真的佔據你的心智。」她和我談過好幾次附身的話題，而她總是回到相同的底線：靈界能影響我們的心智，但他們絕不能進入並掌管我們的心智。是的，我們人類可以被「洗腦」，但仍是我們自己的「腦」被「洗」，而不是被某個「黑暗存有」的「腦」掉包或替代了。

我是透過所謂的「出神」狀態擔任不同次元間溝通媒介的靈媒。這表示藉由進入出神狀態，我可以「站到一邊」，允許我的指導靈使用我的聲音和其他人溝通。有些出神式的靈媒會允許靈魂在降靈會的期間，暫留在他們的身體。我個人不允許這種事發生——這更證明了附身的不可能。任何一位透過出神狀態為不同次元溝通的靈媒都會支持我所說的：靈界只可以在我們准許的範圍內「使用」我們。所以，如果一個「白色存有」都只能在一個受過訓練的靈媒的同意下，暫時進入他的身體，那麼「黑暗存有」就絕不可能在沒有任何同意下，強行侵入並附身於某人。

我並不是說那些聲稱被附身的人是在捏造故事。如果他們相信自己真的被附身，這件事就應該被認真看待和處理。我的意思是，有些其他的現象很可能會被誤認為是附身。人們說「暗示的力量」並不是沒有根據的。在一個相信附身的文化或宗教下長大的人，可能會將嚴重的心智障礙的情況解釋為「附身」。（對某人或某事的強烈認同，也可以影響所謂被附身的徵候，只要給予的暗示夠強）你可以注意到，相信自己被撒旦附身的人，都是有強烈宗教信仰，非常虔誠的人。對歷史狂熱的人就會認為是拿破崙，羅斯福總統，或法國皇后瑪莉安東尼特（Marie Antoinette）。文學迷會相信是莎士比亞，易卜生（Ibsen，譯註：挪威劇作家，有現代戲劇之父之稱），愛倫坡（Poe，推理小說之父）或狄更生。喜歡飛行的人則認為是被愛蜜莉亞厄爾哈特（Amelia Earhart），查爾斯林白（Charles Lindbergh）或萊特（Wilber Wright）兄弟附身。說到這，我還從沒遇到一個自稱被無名小卒附身的人呢。

有些人對負面能量非常敏感，敏感驚恐到覺得深陷其中，好像失去了自我的身份。這個不是附身。我們都有覺得自己好像「迷失」，「不像自己」的時候。我們愈是敏感，愈常會有這種感覺。但再次的，除非我們做了有意識的決定，讓另一個靈魂接管，要不然，

「不像自己」並不表示我們就是「別人」。「不像自己」只是表示我們需要對自己的靈性多加照顧，也需要所愛的人的協助，幫我們回到安全和熟悉的人生路上。

動能也會造成很戲劇性的實體環境的混亂，讓我們誤以為是被附身的現象。還記得動能是心智一種自發，而不是故意去操縱實質物體的能量嗎？當情緒到達極端，或是精神極度混亂時，都很有可能引發突然的動能——使得電流變強、東西在房間裡亂飛、家電用品好像瘋了、管子破裂等等。由於動能引發的騷動和我們一般認為的附身現象一樣，這兩者常被誤為彼此一點也不奇怪。然而，這兩者間還是有一個主要的不同：動能是真有其事，附身不是。

「灰色存有」和「暫留的空間」

在任何同時存在「白」與「黑」的世界裡，就一定會有「灰」的色調。這句話在靈魂世界和地球上一樣真實。

「灰色存有」是我們之間的某種「猶豫不決的人」或稱「中立者」。他們深受白色和黑暗存有的影響，所以並不確定自己屬於哪裡。但這並不表示他們就是軟弱的；他們只是困惑，試著找到真正的歸屬。

如果肯對自己誠實，「白色存有」的我們就會承認，總有過那麼一次，我們曾經想過「黑暗界」的生活是否比較有趣，並試著「黑」上一回。我們或多或少都有過這樣的行徑：明知某件事不對，但終究還是做了，事後再用拙劣的藉口像是「因為我喜歡」或「它就是這樣發生了」來搪塞。在嘗試「黑暗」的行為時，我們通常都是悲慘的失敗者，遲早會讓自己看起來四不像。而且自己內心深知像是闖入了一個根本不屬於我們的地盤，然後分別帶著不同程度的尷尬和懊悔，再回到白色領域，唯一讓我們感到自在的地方。如我曾經說的，「白色存有」不會變成「黑暗存有」。這種情形就好像我們突然間決定試穿一件與我們風格完全不同的新衣服，因為它看起來比較有趣刺激，但是新鮮感很快就褪去，我們也會對自己承認，其他的衣服怎麼穿就是不適合。

「灰色存有」就在黑跟白的正中間，他們在尋找自己的風格，黑白衣櫃的衣服他都能穿，但總是不確定哪一個感覺較好。「灰色存有」可以轉變成黑或白色存有，所以他們覺得像是被兩個不同的方向拉扯。

比較起來，「灰色存有」像是可以被感化教育的罪犯，不像「黑暗存有」，無法洗心革面。「灰色存有」是迷失的孩子，仍在尋找能吸引他們注意和讚賞的身份認同——這是「黑暗界」最喜歡的「獵物」。他們可能常遇到假扮的「白色存有」，於是開始懷疑在「光明」中是否真的存有真誠、正直、慈悲和希望。或者，他們過著規矩正當的生活，直到生命中遇到太多的厄運和悲劇，讓他們不禁懷疑生命的意義何在？於是，藥物濫用、生理上化學物質的不平衡、心理疾病——任何一種力量都可以將無辜單純的靈魂拉進灰色的荒地。

身為人間的「白色存有」，我們可以做幾件事幫助「灰色存有」，引導他們離開「黑暗界」的誘惑和陷阱。

首先，我們可以避免「白色存有」經常會犯的習性——光說不練。我們都知道也看過這類情形，而且我們每個人偶爾都會這麼做。我們會冠冕堂皇的說些做人處事的大道理。但當我們離開教會或寺廟後，行為舉止卻可以表現的非常可怕、粗暴、不誠實和好評斷——就像我們向來指責的他人行為一樣。如果我們的言行不一，你覺得這會吸引「灰色存有」嗎？我們不能僅是口頭上說擁抱愛及接納上帝所帶來的喜悅和希望，我們必須要言行一致，要不然「灰色存有」會認為這些只是虛妄的噱頭，騙人的把戲罷了。

我們還可以為他們祈禱。我在寫這本書時的一次經驗，讓我對祈禱的重要性有了深刻的體認。我並不常進行靈魂出體，不常讓我的靈魂在沒有身體陪伴下出遊。但有一晚，透過靈魂投射，我到了一個我的指導靈稍後解釋為「暫留的空間」的地方。

我被一群死去的人圍繞。他們沒對我說一句話，但我感覺得出他們陷在極度的絕望中。空氣裡瀰漫著哀傷，這些人從青少年到老年人都有，他們的身體語言顯露了他們的無望，每個人都拖著沉重的步伐，兩眼悲哀無神，垂頭喪氣的走著。

在我們所在之處的後面，我看到一個，坦白說，令我感到非常害怕的，一種深沉的漆黑，我一點也不想靠近。就在那時，我才發覺我已踏進「另一邊」的左邊那扇門；在我們身後的那片漆黑，充滿著準備進入子宮，回到人間的「黑暗存有」。

我也領悟到，和我在一起的那群頹喪的人仍然有自由意志可以作選擇。他們可以走進那片漆黑，也可以通過右邊的門進入「另一邊」的光中。他們並不是被困在「暫留的空間」；他們是在那裡等待做出決定。

我知道他們並沒有失去信仰；信仰就像令人心碎的他們一樣，只是一時失落。完全出白直覺，我開始朝他們一個個走去，乞求他們，「請說你愛神。請說你抱持希望。相信神相信愛，你就能離開這裡。」他們仍舊不發一語，甚至一眼也不看我，我記得在我最後離開時，我因感染了他們的絕望而變得虛弱。

隔天我已準備好向法藍欣質疑，要求她告訴我，為什麼她從沒對我提過「暫留的空間」。她說了每次這種情形發生時，她總會說的話：「除非妳開口問這個問題，要不，我不會給妳問題的答案。」我實在討厭她這麼說。

但她同時也告訴我，我幫助了兩個靈魂。在那裡的上千位靈魂中，有兩位在我走後，離開了「暫留的空間」，選擇踏進右邊的那扇門，進入了「另一邊」的光明。

從那晚之後，我便將那些哀傷，迷失在「暫留的空間」的靈魂納入我的禱告中。我希望你也能這麼做。如果他們自己的信念不足以引領他們平安進入「另一邊」的家，至少我們這些「白色存有」可以用堅定的信仰為他們祈禱，助他們一輩之力，因為我們有足夠的信仰可以分享！

自殺

儘管在「暫留的空間」裡沒有一個靈魂跟我說話，我卻「知道」為什麼有些靈魂會在那裡，法藍欣也證實了我的想法。因此，我想澄清幾點有關自殺悲劇的說法。

我是從小被教導「自殺的人會下地獄」長大的。這說法向來不容辯駁。但這絕不是事實。而且，我要補充，這麼說是在自殺者的親友哀傷之餘，又增添他們傷痛的醜陋和殘酷的謊言。再次重申，根本沒有「地獄」。就算有好了，神也不會將祂的子女判決到萬劫不復的永恆地獄受苦，是我們自己選擇了地獄的假象。一般而言，自殺是我們和上帝及靈魂之間的毀約行為，沒有人會將自殺寫入自己的藍圖，然而，也有些例外的情形。所以我們沒有立場為自殺者下任何總括的評斷。

自殺源於極度的心理或身體上的疾病，就如同健康、正面的我們，會自然的迎向光，投入「另一邊」的擁抱一樣。

我現在知道，如果是因為徹底的絕望和無助而自殺，這些靈魂會來到「暫留的空間」。事實上，如果你曾經跟某個因絕望，企圖自殺未遂而有過瀕臨死亡經驗的人談過，他們會描述自己在一個充滿悲傷的地方，而不是一片漆黑中，反倒比較像是「離開了光」的感覺。他們要不是被沉默寂靜包圍，就是被周圍的靈魂嘲弄和輕蔑，在那裡他們找不到任何憐憫心。當然，那裡就是「暫留的空間」。在那邊，他們仍然可以自由選擇加入漆黑裡的「黑暗存有」，或是通過「另一邊」右邊的門，進入神的無條件的愛中。我們的祈禱可以讓結果有所不同。

那些因絕望而自殺的人和其他的「灰色存有」，如果選擇了「黑暗界」，結果都是直接回到子宮，就跟「黑暗存有」一樣。但和「黑暗存有」不同的是，在新的人世中，他們不是「黑」的。他們還會是灰色，但有個全新的生命和機會去選擇光，並學習克服在上次肉身中擊潰他們的絕望情境。

至於其他的自殺者，如果動機是出於報復心態、自憐，或毫無意義的就只是為了懲罰身邊的人沒有注意到他們，或覺得被冷落輕視，這些是自殺者中唯一會直接通過左邊的門進入漆黑，然後回到子宮的靈魂。他們在下一世中，不一定會是「黑暗存有」，但他們不會有生命藍圖、指導靈和「另一邊」所能提供的全面資源及協助。下一世的生活，保證會讓這些因報復／自憐／卑劣動機的自殺顯得毫不值得。再次的，並不是神剝奪自殺者以做為懲罰，是他們使自己喪失光明並處罰自己。一直以來，神都是張開雙臂等待擁抱著每一個人。

自殺通常因為身體受到外來的傷害而死亡，自殺者的靈魂可能會為此突然而受到震驚，雖然是出於自己的雙手，但也會發生不知道自己已經死亡，而仍舊徘徊人世不肯離去的現象。前面所說的對鬼魂的做法，同樣適用於陰魂不散的自殺者。我們要一直不斷告訴他們，他們已經死亡，催促他們進入光中。最重要的，為他們祈禱。如果他們是白或灰色存有，你有力量為他們創造不同的結局——你可以幫助他們回家。如果他們是黑暗存有，祈禱也是保護自己的好方法。畢竟，在任何狀況下，神都是我們最好的保護者。

這裡是一個因為報復而自殺，導致鬧鬼的例子。一個煩惱得快抓狂的婦人請我幫她確認，並解決她感覺一直出現在家裡每個房間和角落的不祥幽靈。她所感覺的來源很快就清楚了。她已故的先生在他們十六年的婚姻中，一直非常暴虐，而且是近乎病態的佔有慾極強。她最後開始反抗他的要求，不顧她先生憤怒的反對，她報名了夜校的課程。在她第一天上課的晚上，就在她剛擺脫她先生的憤慨，離開家往學校出發沒多久，他從打獵架上取下一把手槍，躺在他太太慣睡的床邊，一槍轟向自己的腦袋。大概他覺得在世的時候帶給他太太的折磨還不夠多，死後仍然陰魂不散，繼續看著她，糾纏她，讓她時時處於驚恐和悲慘的心情。

我很能理解，要說服她將怨恨放在一邊，加入我一起為他禱告，告訴她先生，為了他好，他需要接受已經死亡的事實，讓神帶他回家——這樣的祈禱對她並不是件容易的事。事實上，當她跟我一起禱告時，比較像是要擺脫他多過祝福他的靈魂安息，這也是公平、說得過去的。幾個星期後，透過我們的祈禱以及我和他的談話，他終於前進了。只是他仍然選擇背離上帝，穿過左邊的門直接進入另一個黑暗的轉世。這是他要作的選擇，不是我們，但我也算達成了她來找我的目的。她終於擺脫了他，現在的她嫁給了一位和善溫和的人，沉浸在快樂的婚姻生活裡。

心靈攻擊

心靈攻擊（Psychic attack）不是指你被不守法的靈媒暴力攻擊的情形。它是「黑暗界」的負面能量陰險的潛伏，嘗試消滅「白色存有」的光的方法之一。它們直接瞄準我們的良知，對準我們真誠期待對人性和世界有所貢獻的想法發動。

問問你自己，對下面的情形是否感覺熟悉：

「我不知道我為什麼會以為我可以讓世界變得更好。我認為我已經很認真工作也全力以赴了，但看看我，一點成就也沒有，沒有做任何值得的事。我只是一直在欺騙自己罷了。就算我再也不起床了，或甚至消失在空氣中，對任何人也不會有影響，不會有人真的在意。」

這些話，或類同的版本，是典型心靈攻擊的定義。這是被黑暗界的負面能量侵襲，像是憑空而來，專衝著我們心智和情緒的完好攻擊；這是「黑暗界」要掩蓋我們光芒的方法。它用沮喪、自我懷疑和絕望，使我們虛弱，摧毀我們的力量。不論心靈攻擊讓我們對自我的負面想法有多真實或深植心底——它們不是真的，我向你保證。這是我自己親身學到的經驗。

幾年前我經驗到心靈攻擊，我感受到每種我在前面描述的負面情緒。我覺得自己徹底失敗，像個偽君子。我指的不是身為通靈者，而是做為一個有價值的人而言。在我的想法裡，任何讚美我，欣賞我，或甚至喜歡我的人只是客套罷了，要不，就是我讓他們誤以為我還不錯，挺有價值的。我感到麻木和無力感，覺得自己渺小到不值得神的眷顧。

在我正陷在「靈性沙漠」的期間，有一晚，我在我的教堂對大約一百五十人的群眾說話。基於誠實的立場，而不是搏取同情，我不想讓群眾以為我準備了多值得一聽的演說內容，我決定對群眾坦誠我的想法和感受。我由列出戕害我的負面想法開始說起。我當時預期看到的是一張張震驚、失望的臉。

但出乎意料的，我所看到的是大家一致的點頭，表示了解；甚至有人發出如釋重負的嘆氣聲。

結果是，在那房間的每個人，都曾經有過同樣的經驗，感受到同樣的挫敗感、虛假和毫無價值的感覺。當他們有這些令人痛苦的感受時，往往不好意思承認。我也一樣，就算在我最低潮時，我也很難向人述說這些對自我的否定。

從那天晚上，我開始研究心靈攻擊。也從那晚起，我當時經歷的心靈攻擊慢慢結束了——再次證明我們必須要彼此公開坦誠的交談！只要發現不單是自己一個人，我們所愛的人——並不失敗也不虛假，或沒有價值——他們都經驗過、承受過這樣的虛空和沮喪，這會讓大家都鬆了一口氣。

我最重要的發現是，當「黑暗界」發動心靈攻擊時，我們聽到的是同樣的「錄音帶」內容。我有許多來自世界各地的客戶，他們雖然有截然不同的背景和情況，但是同樣的帶子，都在他們生命的某個時期「播放」過。

我希望當下次你發現自己又經驗到心靈攻擊時，能嘗試這個方法。不要擔心看起來可笑。感覺可笑或愚笨，總好過感覺麻痺、沮喪和毫無價值吧。

當有關自己的負面思想一進入腦中，想都不要想這些是不是真的，不要浪費一分一秒強化它。提醒自己，這又是「黑暗界」的把戲，他們偷偷的在你腦裡播放一卷荒唐無稽的帶子，試著讓你的心情低落，好滅掉你的光。但你比「黑暗界」來得聰明有力量，你再也不會因為這個愚笨的騙局被愚弄了。

將你的食指，放在前額兩眉之間上方約一吋半的地方，也就是你第三眼所在，想像那裡有一個「退帶」的按鈕。按下這個退帶鈕，同時一邊說「我拒絕這卷帶子和『黑暗界』，我將心裡的負面想法全部釋放到聖靈的白光之中。」

這個簡單的按下退帶鈕的動作，將會提醒你，這些負面思想只是我們每個人偶爾會碰上的惱人錄音帶。記得這點，以後你在面臨心靈攻擊時，就不會覺得那麼無助或是感覺被襲擊了。

教派和詛咒

我將這兩個主題放在一起有好幾個原因，因為它們的性質與方式一樣卑劣，都是為了追求私利，使用謊言來操控大眾，卻又假冒充滿靈性。他們在愈是充滿恐懼和不確定的年代愈是活躍——譬如，新的千禧年。

我不太懂是什麼原因讓每個人對此都變得有些瘋癲。如果上帝有寫在哪裡，說祂將要在有三個零的年代將我們人類一掃而光，我一定是沒有注意到。不過，我倒是曾讀到過，在九九九年的最後時刻，有上千人尖叫的跑到街上，相信整個世界會在半夜被毀滅。我總是很好奇：他們究竟在外面站了多久？才難為情的拖著腳步回家睡覺？

由於邪教、詛咒和詐騙行為在二千年時會更為普遍，如果不小心的話，會讓你花了錢，又賠上情緒和精神的安寧，所以請特別警戒，並大聲明確的拒絕。

邪教教派　他們幾乎都是由「黑暗存有」偽裝成「白色存有」，以便誘騙和毀滅其他真正「白色存有」的手法。試圖改變某些教派受害者的信仰是非法的——因為宗教自由之名。我個人雖然非常相信宗教信仰的自由，但我也同樣相信，任何推動自殺、孤離和折磨，並使人陷於危險，或會犧牲無辜兒童的團體，都不配自稱「宗教」。

教派中最令人心碎的是，受害者都是認真堅決且立意純正的尋求靈性的道路。如果你也在尋找，並認為你已經在某個團體或某人身上找到答案，而考慮要捐獻金錢或／和奉獻生命，在你行動之前，我真心希望你能夠和一位你信任，但不屬於這團體的人坐下來談談，討論下面的幾點特徵：

有百分之九十九的可能，這個團體裡上層的某個人（或偶爾兩個人）會要求你必須將他視為你的神性中心才能加入他們。這表示，你必須依賴他們才可以親近神，因為他們比你更接近祂，而且他們能決定誰可以，誰又不值得領受神的獎賞。

——這些都是一派胡言。不管你個人信仰是什麼，你就是你自己的神性中心。任何時候，若任何人要求你離開自己內心的神性和靈性，向外尋求你的神性中心，尋求你與神的親近，尋求神所給予我們每個人的天賦權利——要他一邊涼快去。

行使個人崇拜的教派領導人，會用各式各樣的藉口來解釋，為什麼他們這個特別的團體要和外界隔離。我不在乎這些藉口多動聽，或甚至聽起來多富有靈性，事實是，這些都只是聰明狡黠的修辭學。他們用花言巧語來掩飾要你與世隔離的真正原因：邪教禁不起外界的檢驗。因為在大白天的陽光下，可能會有人看了領導一眼，然後指出「國王的新衣」（或者發現他有犯罪記錄，那麼你就會聽到這樣的藉口——他已經悔改了，所以既往不咎。或是，他是「政府和人類社會獨裁霸道的惡法」的受害者）。

或是，有人可能會懷疑，為什麼一個號稱擁抱和平、反戰主義和非暴力的團體，會擁有比許多小國家還多的槍枝。

或是，有些人可能會想了解，為什麼邪教的成員，要不就是熱心捐獻，要不就是遺囑上寫著要將所有的錢留給組織和／或領導人。邪教將自己和社會隔離，所以我們知道這筆錢並不是用在某些慈善機構或是對人類有益之處。而這些教派也不是以生活奢華出名，所以這些錢顯然也沒有用在教派成員身上。他們普遍的說法是，這些錢是「為了神」。請問，神需要錢做什麼？祂要怎麼用？下次如果你在百貨公司或是雜貨店看到神的時候，千萬要通知我！我可不想錯過。

所以，如果所有的錢並不是用在對人類有益的地方，也沒有花在成員身上，而神也不需要，那你猜想錢會是到哪裡去了？或是，說得正確點，到誰身上去了？

如果在經過了誠實的反省深思，在你向自己提出最嚴厲的問題並照實回答後，你仍然決定這個教派是你這生中不可或卻缺的，我真心祝福你一路平安。但是，請千萬不要將你的孩子也拖進去。如果你所獲得的真是對靈性有很大幫助，孩子可以在長大後，自行決定是否加入。如果你有自己選擇的權利，他們也應該在日後有自己決定的權利。在此同時，請先停下來想想：當那些父母加入人民神殿和大衛支派時，他們一開始也不會相信，自己最後會將孩子帶到一條死路。你可以隨你高興，決定生命要怎麼過，但每一個孩子都有平安長大的權利和機會，他們有權在成年後，再為自己決定如何生活，或是如何信仰。

詛咒　這是另一個狡猾的騙術，利用你的恐懼，誇稱他和靈界或／和神有條「直撥熱線」來騙取你的金錢。那些對詛咒的威脅很敏感的人，通常是遭遇了一連串壞運氣後，想知道自己為什麼這麼倒楣，希望能藉助神祕的外力終止惡運。而那些聲稱有答案的人，有的自稱有通靈能力，有的說是靈媒，也有人稱自己為算命師，以至靈性大師的都有。名稱不一而足，但他們都有一個共通點——他們都是騙子。

真相是這樣的：唯一能下詛咒給你的人，就是你自己。沒有其他人有這個力量，除非你給他們，即便如此，仍需有你本身的「積極配合」，詛咒才能運作。

我就是一個最好的活見證：沒有自己的許可，詛咒沒有任何力量。記得了，詛咒要有你的允許才會有力量。我已經幫助警察和地區檢察官逮捕了許多這類卑劣的騙徒，壞了他們詐財的好事，所以，你知道每天在全球各地有多少「蘇菲亞娃娃」二十四小時都被人針刑伺候嗎？如果詛咒是真的，那我的生活就會是時不時有難忍的痛苦，臉上經常不自主的顯露被針扎的抽搐，並且不停的尖叫。

在很久很久以前，甚至在今天少數存在的幾個文化中，如果有某人對你下了詛咒，他們會在你的前門放隻死雞，當做一種宣告。然後你會被你已被下咒一事嚇得癱瘓，躺到床上，不吃也不喝，深怕食物和水都被下毒。果不其然，不出一段時間你就死了，詛咒的迷思與力量因而繼續流傳著。

或者，原因就出在經過多天的不吃不喝後，你當然會死——被自己「害」死了。如果你遇到任何類似的事，請起身，照常進食，喝很多的水，繼續過你的日子。（看在老天爺的份上，順便將那噁心的死雞從門口拿走。）

你不覺得這實在很巧嗎？不論是怎樣的詛咒，不管是誰在背後作祟，化解每個詛咒的唯一方法，都是錢。你的錢。當然，有時可能是你的車，或你的珠寶首飾，或你的房子，但這些都代表了什麼？雙手將你的錢財和／或值錢的東西奉上，交給一個發現你被詛咒的算命師，然後，就像變魔術一樣，詛咒不見了，被解除了，跟著你的錢和財物——還有那個算命仙一起消失了。

雖然這些說你被詛咒，為你化解的算命師有男有女，在此我們將之統稱為江湖術士。這個世界的江湖術士想了很多方法要你掏出口袋的錢，方法多得可以寫一本書了。起因其實是由一個基本的假設開始，才讓他們有機可趁——如果一切事情都很順利，你根本就不會出現——所以在你還沒踏進他們的門前，他們就已先佔了優勢；因為你想知道為什麼霉運當頭，想讓霉運終止才會去找他們。

這些江湖術士的答案永遠是「你被詛咒了。」或「有陰魂跟著你。」他可能稱之為「黑暗的雲霧」或邪靈，但不管用什麼名稱包裝的詛咒，都會使你破財。奇怪的是，即使你從未見過他，他也不可能和你被下咒一事有關，但他卻恰巧是唯一可以消除詛咒並解決此事的人。是只有我這麼想呢，還是事情確實很不合理。

他通常的獵物是那些在某類文化下長大的人——特別是受到西班牙和西印度群島影響——那些將詛咒和迷信視為信仰體系的一部分。但就算向來對迷信嗤之以鼻的我們（通常還穿著我們的幸運襪子），也總會有一時脫序、失去平衡的時候，難保腦裡不會有剎那想著，「萬一他是對的呢？」因此如果你在看這本書時，認為這種事不可能發生在自己身上，或許你對這想法可以有些保留。

根據江湖術士所說，詛咒通常是被一位黑髮女子，可能是遠方的親戚或以前的同事所施加。這可以涵蓋你曾經待過的所有公司，你所有的遠房親屬和姻親，反正這些人你從來沒有真的信任過。但不管詛咒是誰下的，他會哀怨的告訴你，單這點基本收費不夠為你解決麻煩。附帶一提，這類江湖術士的基本收費通常都是讓人心動的低廉——因此他們必須仰賴大量的生意。

他們「化解詛咒」通常都是很視覺化，情緒高度賁張及昂貴的，而且經常急迫到讓你沒有時間仔細思考。如果你不相信他的話，不相信有詛咒，他會用巧手施展戲法，或一些特殊效果（你從不錯的魔術或小孩的化學書上也可以模仿），來取得你的信任。他對這種把戲非常熟練，所以絕不要相信你的眼睛。還記得大衛考伯非德曾經神奇的將自由女神變消失嗎？但上次，大約兩週前，我還看到它在那裡呢！

如果他們是野心較小的騙徒，他會用點亮10個蠟燭的方式來為你排除詛咒，每根收費美金80元，或是用50元賣給你一小瓶施法用的藥水。如果他的野心很大，計畫要迅速得手然後離開，他會很快的「發現」是你的珠寶，車子，或房子，或任何你擁有的值錢資產被下了咒語。然而不管他說得多有技巧，對於這些引起你生活崩坍的詛咒事物，他們總是用同樣的五字真言解法：「把它交給我。」但令我一直不解的是，如果那樣東西真被下了詛咒，為什麼他還會想要呢？

不要忘了，不論他假裝說要用火燒燬，把它埋了，或丟到海裡，只要東西離開了你的手，從那一刻起，你就再也不會看到它們了。如果你發現你被詐騙，並不表示他比你聰明，他只是將我們每個人都有的能量用在學習操控別人，而你，則是將能量用在做一個正直關愛的人。

他的殺手鐧會是對你說——你之所以痛苦，之所以受到詛咒，是因為神對你不滿。如果你想不出做了什麼事要受到這樣的懲罰，那一定是因為某件你在上輩子做的「天大」的事，讓祂至今憤怒難消。如果你認為解除黑髮親戚的詛咒索價太高，等聽到他為你向神求情的開價再說吧，記得先站穩了。

如果你對我說的所有事情有所存疑，不要懷疑這個。神從不是，也永遠不會生你的氣。神的愛是完美無條件的。神不是拿著筆記本坐在某處，記錄我們每次淘氣時犯下的過失——糾正我，如果我說錯的話，但我想那是聖誕老人做的事。

就算祂真的生你的氣好了（這是絕不會發生的），你想，祂會從所有的人裡，獨獨挑選江湖術士，透過他來對你抱怨嗎？

而且，從什麼時候開始，神對於付費的祈禱會給予優先的關注了？不管這些江湖術士想出多少不同的障眼法和欺騙的技倆，有三個簡單的事實可以幫助你省下許多金錢，甚至痛苦：

1. 任何人，若想利用你的恐懼讓你更加害怕，他們的目的是控制你，而不是真正的幫助你。
2. 如果一開始便先談好了算命的費用，沒有任何理由讓任一位靈媒、通靈者、算命師或心靈大師再追加任何錢。
3. 在聽到任何提及「下咒」或「邪靈」，或任何暗示你已被下蠱或是遭詛咒的話，立刻起身離開，而且不要付錢。

我是非常嚴肅看待此事的。如果你曾經尋求算命或性靈上的協助而遭受詐騙，說出來！你可能覺得愚蠢或尷尬，或自己太容易上當，但記得，這就是那些江湖術士所依靠的，你的沉默讓他們能繼續行騙！

向你的地方檢察官申填一份正式的訴願，至少可以將這些騙徒登記在案。而且，他們大都沒有營業執照，收取現金不開收據，也不付稅。我相信國稅局也會很高興你能檢舉他們。每一位我知道的具有聲譽的正規合法的靈媒，包括我在內，都有營業執照，並且為所賺的每一塊錢繳稅，就像你一樣。

但請謹記在心，世界上沒有一位靈媒，包括我，是百分之百正確或靈驗的。任何靈媒如聲稱自己是百分百準確，如果不是說謊，就是瘋了。因此當算命不準或預言沒有成真，雖然這不是你預期的，但並不表示他們就是「騙子」。這個行業依賴準確度和名譽，口碑對我們很重要，如果我們讓你失望，經由口耳相傳，很快我們就會被淘汰了。提到錢財，不久前有人願意付我不算小的一筆錢——四萬美金一個星期，和一通電話三分錢的以件計酬法——來設立蘇菲亞布朗通靈熱線。沒有絲毫猶豫，我立刻拒絕了。套句詩劇「大鼻子情聖」的台詞（Cyrano de Bergerac），「我可是打算帶著我的白色羽毛去見上帝呢！」（意味保有一身清譽。）從來就沒有蘇菲亞布朗通靈熱線，以後也絕不會有。有好幾個全國性的刊物登載「蘇菲亞B通靈熱線」的廣告，不管蘇菲亞B（布朗）是誰，還有其他冒我名的電話號碼，司法部門和我都在注意這些騙子，我們會逮到他們。在此之前，讓我再說一次，我絕不會運作、出讓我的名字，或背書，或推薦任何通靈熱線。

保護工具

有時「黑暗界」好像無所不在，隨時會從四周跳出來攻擊我們。這麼說並不算誇張。但好消息是，我們「白色存有」可以贏得勝利。「黑暗界」由於背離了神的光，力量已經日漸減少，而且當我們轉向神，閃耀著光芒，並將心裡的不適及疑惑講出來，合力對抗他們時，「黑暗界」的把戲也不再那麼駭人了。

第一個，也是最強、最有力的對抗「黑暗界」的保護工具是：愛和擁抱神，並且每天說：「我是我自己的神性中心」、「沒有人，除了我之外會是我自己的神性中心。」

第二個是，絕不因任何人而喪失你的自由意志、你的心智，或你的常識。它們是慈愛、寬容、慷慨的神賜給你的非常珍貴的禮物。神永遠是你最初和最後尋求答案的地方。

接下來的保護工具並沒有特定的排列順序，也沒有哪個最有效或特別有效。只要使用任何一個或每個你有興趣的——愈多愈好。在每天的任何時間，早或晚上都好。我個人喜歡早上，因為是一天的開始，還有睡前。而你可以自由選擇你覺得適當的時間，將它成為一種習慣。

如果你對它們是否有效存疑，請先試上一至二個星期。嘗試並不花你一毛錢，當然也不會構成任何傷害。我難以接受的一個藉口是：「我沒有時間。」如果你可以花五分鐘刮鬍子，十分鐘化粧，十五分鐘整理頭髮，或二十分鐘決定穿什麼好，你當然可以找出一或二分鐘為自己的一整天防衛「黑暗界」和它的負面能量。

一圈保護鏡　在心中，想像你在一圈鏡子的中央，這圈鏡子比你高，鏡面朝外。「白色存有」會被這鏡子吸引，但「黑暗存有」會被這鏡子反彈回去而避開你。

白色光芒的氣泡　你應該時時都要求被聖靈的白光圍繞，以下是我喜歡的影像，可以幫助你想像。如果你看過「綠野仙蹤」（The Wizard of Oz），記得葛靈達（Glinda）嗎？北方的好女巫，她在一個美麗透明的泡泡裡，到處旅行。試著用同樣的方式渡過你的一天，想像你在一個發著光，散發聖靈光芒的透明泡泡中。你會開始發現「黑暗存有」不想跟你有任何牽扯。

在這電影裡還有一幕你也可以參考，這方法可以讓「黑暗界」不敢越雷池一步。當葛靈達遇到南方的壞巫婆時，她揮舞著手說道：「你在這裡沒有力量，去吧！」無聲的將這個念頭投射到你懷疑是「黑暗存有」的身上。你會很驚訝的發現這個方法非常有效，它不單提醒了你自身的能力，同時不需說一句話就減弱了「黑暗存有」的力量。

金色寶劍　想像一支長而有力，發著燦爛奪目光芒的金色的劍。劍柄鑲著閃爍華麗的珠寶。將這把劍豎直在身體前方，劍柄和你的「第三眼」在你雙眉的中間上方交會形成十字，想像劍身延長為一個防衛你全身的防護罩，這會嚇阻那些天生懦弱的黑暗存有，讓他們畏懼不敢接近。

金銀紗網　想像一個漁夫的漁網，由金色和銀色的薄紗織成，像空氣一樣輕盈，卻又無比強韌，它的纖維由聖靈的白光構成，閃爍著輝煌的光芒。將它披蓋在身上，讓你從頭到腳都涵蓋在神聖的白光保護下。在你的一天中，將這張網覆蓋在你所接觸的「黑暗存有」身上，祝福他們，並中和任何他們可能有的負面力量。

光的堡壘　想像一個閃爍光輝的圓頂，一座由聖靈的白光打造的完美圓弧型的建築。你和你愛的人在裡面，安全、溫暖，沉浸在神的愛中，不受任何黑暗和負面力量的干擾。

這個方法非常好用。我最近和一位心理學家友人出席雞尾酒會，有一位「黑暗存有」在那裡。他是一個令人厭惡的機會主義者，認為在此聚會的每個人都是來為他效力，供他差遣。我們看著他時，我的朋友擔心著待會要如何不失禮的應付這個虛偽的人。我說：「我們不需要。他不會接近我們的。」因為我將我們兩人籠罩在神的光輝圓頂之內。

這個聚會有三十個人。他連續的騷擾了二十八人。但整個晚上，他從未走進我和我朋友十呎之內的距離。

光的堡壘真的好用。

希望在你生命中的每一天，你和其他的「白色存有」能相互發現彼此，在人生路上，一同攜手，平安的走過「黑暗界」的負面影響，回到「另一邊」的家。

08 我們所懼怕的十件事：

為什麼我們不該害怕

恐懼是極具破壞性的情緒。它會孤立我們，縮小我們的世界和視野。恐懼讓我們感受不到尊嚴和自信，使我們失去信心。如果不正視它的根源，恐懼在自身的滋養下只會日益茁壯，如影隨形的嘲弄我們。悲哀的是，每個人的一生中好像都擺脫不了恐懼的陰影。

有些恐懼感深植在潛意識裡，我們甚至不確定它是什麼或來自何處。我們被這種不斷出現的不安情緒困擾，一直和一個說不出所以然的潛在情緒危機共存。但是，如果我們不能指出它是什麼，又如何能對抗，甚至將之一舉逐出我們的生活？

事實是，我們不能。

當我們在晚上聽到不明的聲響，或看到角落奇怪的影子時，通常有兩個選擇。我們可以躺在黑暗中，被自己幻想的鬼怪嚇得半死；或是把燈打開，好好看看到底是什麼在「作怪」。十次有九次，我們會發現，只是些陳設或臥房椅子上的那疊衣服。

我一直相信，躲避不是辦法，知識才是力量。我們愈是害怕某事，愈是該學習了解和面對它。我們學得愈多，知道的愈多，就愈會有信心面對和擊敗它。

我的客戶來自世界各地，他們有各種不同的背景和遭遇的情境，但他們共同及基本的恐懼都不離稍後所列的十種。對此我並不意外，因為我自己也曾經與其中幾項奮戰過。我知道恐懼可以讓人陷入冰冷的癱瘓無助中。我知道要征服它，需要強大的意志力、勇氣和努力。但最重要的，我也知道，在生命中，很少有比戰勝企圖掩蓋我們靈性光芒的黑暗勢力，更能讓我們心靈自由的勝利了。

你有能力克服任何這十種恐懼，任何一種。有些從表面上看來不像是心靈的問題，但它們通常有著根深蒂固的心理或心靈上的成因。有些恐懼可以追溯到這生的創痛經歷，但通常它們所引起的絕望與無助感，會由於我們無法理解恐懼的來源而加倍。

恐懼引發的痛苦可以直刺我們的心靈核心。這個核心需要被檢視、照顧和治療。舉例來說，當我遇到一群大型昆蟲時，我就很難保持鎮定。大家都知道我一看到就會尖叫。然而，這種恐懼感對我造成的傷害其實是不痛不癢，更遑論穿透到心靈深處。本章指出的十個恐懼，都是足以傷害我們的心靈本質，尤其當恐懼是根植於內心深處時，我們根本無處可逃。我們也不需要逃開。因為，有比逃避更好的作法；我們可以用了解，知識和立意良好的行動，積極面對並驅散這十種恐懼。

被拒絕．被遺棄

這兩者關聯密切，很難分開討論。它們都可以引起很大的痛苦，讓我們覺得自己是失敗者，或是在他人眼中毫不足取、沒有價值，才會被對方拋棄。

恐懼被拒絕和／或被遺棄，會終其一生影響我們的人際關係。我們可能會因此拒絕讓任何人親近以避免引起痛苦。我們也可能會對某人太過緊迫盯人，無意中令他們窒息，因此反而導致了我們害怕發生的被拒絕或被遺棄的事實。我們也可能會去尋找那些自我潛意識知道會拒絕我們的人，以便證實我們的恐懼是有理由的，或只是為了向自己證明這樣的恐懼是錯覺。

依每個人經驗的不同，我們可能對拒絕和遺棄之間的差異有自己的一套看法。我個人一直將「被拒絕」定義為某人說：「走開。」，「被遺棄」則是說：「再見。」你可以被陌生人或被你所愛的人拒絕，在工作場合或家裡；或是被朋友拒絕。被遺棄，換句話說，暗示愛或愛的容貌，曾經出現，曾被給予，可是又被無情的取走。這兩者都會導致嚴重的情緒失落。

有一個非常好的理由，深植於靈性上的原因，解釋了被他人拒絕和遺棄為什麼對我們有這麼深且強烈的影響，了解了這個原因可以幫助我們看待這樣的恐懼。

我們對被拒絕和遺棄的痛苦早在出生的那刻就很熟悉，所以每一次我們在人間感受到它，只是又一次的觸碰到早已存在的傷口。

當我們在「另一邊」決定要回到人間經歷另一次肉身時，我們會經過一個友善的抽離過程，好幫助靈魂減輕在轉換次元時可能承受的震憾。在某方面，它和我們離開人世，回到「另一邊」的家時，所接受到的熱烈歡迎恰好相反。這種抽離程序的一部分，是「另一邊」的靈體——從我們所愛的人，到我們選擇的指導靈、我們的靈魂伴侶以及在那裡的其他無數友人——在情緒和情感上和我們保持距離的過程。這完全是為了我們的益處而採取的仁慈舉動，這是他們幫助我們準備重新上路的方法。

想像我們每天被快樂、激勵、有效率、開放、令人喜愛的大家庭圍繞，周圍有對你絕對信任、具憐憫心、無條件愛你的朋友們。你最喜歡的寵物在身邊，你每一口呼吸的空氣都有神的存在與力量。你活在受祝福和眷顧的完美狀態中。但是為了你本身必要的成長和進步，你答應你的靈魂，你必須要離開這裡去上大學，或從事一件重要的工作。你知道這是正確的決定，每一個愛你的人也都完全同意。你以前就曾經這麼做過，他們亦然。所以你們都知道，為了準備你的離去，他們必須與你保持距離。如果他們不這麼做，當你出發時，你會感到無法承受的分離的苦痛，而你抵達目的地後，也不會有你理應具備的獨立和開放性。

因此，出於必要，你離開「另一邊」開始你人間旅途時，你會有被拋棄和被拒絕的感受，而你在此生中每一次經驗被排斥和遺棄時，你的潛意識也在重新經歷「另一邊」深刻的失落、空虛和孤離感，而這些情緒都是當初讓你能勇敢再度來到人間的緣故。當我們感到被遺棄和排斥時，將這種感受歸於人生事件的起因是很自然的。但我們主要的痛苦來源其實不是來自事件本身，而是來自靈魂對「另一邊」更深痛的離別的記憶，雖然只是暫時的分離，但那種失落感比起我們在人間所經驗到的，都更為強烈。

我知道，這麼說並不會因此減輕你在塵世被遺棄時所感受到的創痛，而且，尋求協助走出痛苦，仍然是很重要的事。我只是向你保證，你所感受到的並不是新傷，這是舊傷口的惡化，而你曾經熬了過來。當然，最有效的藥方是治療原有的創傷——我們與「另一邊」的家的距離。

療癒的關鍵在於靈性二字。當我們在人間投入愈多的能量和熱情在探索和擴展靈性時，我們愈能感受到存在於「另一邊」的人事物的連結。這是最能確保我們和另一端最想念的靈魂保持聯繫，直到再相會的方式。藉由維持一種靈性的連結，在塵世時，我們就不會因遭到某人的遺棄或排拒，而感到難以負荷的痛苦；沒有任何痛會深到我們無法承受。

失敗

對失敗的恐懼像是一種具感染力的流行，大部分的原因和生活變得愈來愈複雜有關。科技的進步讓世界咫尺天涯，不同的人種、性別、宗教和性取向愈來愈趨向平等，這進展雖然緩慢但總是在前行；我們發現自己享有比以往任何時代更多的選擇和道路。

然而不管前方有多少選擇和方向，而這些選擇有時也的確讓人困惑，但人類之所以害怕失敗的真正心靈根源，不論我們是否有意識的察覺，事實上都可以濃縮成一個問題：「我是否遵循著我的人生藍圖？」

而答案是一個簡單明白的「是的」！

或者你會說，如果我們都得到了保證，不論出了多少紕漏、多麼懶散、多麼卑鄙，我們都還是會在人生藍圖上，那我們還有什麼動機和理由要努力呢？為什麼不乾脆慵懶的躺著，讓其他的人去擔心、去應付壓力和可能存在的失敗就好了？

還記得嗎？當我們在「另一邊」時，我們為即將來臨的人世撰寫了人生藍圖，也同時選擇了和人生計畫可以相容一致，在這一生要努力和克服的主要及次要生命主題。沒有人——甚至我們自己——可以干預生命主題和即將展開的人生藍圖。因此，我們與生俱來就具有動機，就具有動力要完成自己所設計規劃的人生目標。事實上，信不信由你，如果我為你算命，然後告訴你：你來到世上沒有任何原因，你可以像蝸蝓一樣躺著，啥事也不需做，也沒有任何事需要完成。可能有五到十秒鐘你會感覺像是如釋重負，你的人生可以又簡單又輕鬆。但我向你保證，如果我說的和你的人生藍圖及生命主題相違背，你就永遠不可能像我說的那樣。

雖然我們的人生是依據藍圖形成，但是生命並不是一成不變，它仍然可以有某種程度的變化。這些變化在於我們如何面對這一路上不可避免的障礙，以及過程中困難的態度和方式而定。讓我這麼說，為方便起見，假設根據你的藍圖，你這生的目標是要從洛杉磯走到紐約。那麼保證在你這生中，你一定會走到。問題是，如何到法？你是不是每走一步路就在抱怨，讓周遭的人都很痛苦？你是不是穿了雙很緊的鞋，或將兩隻腳綁在一起，試著用跳躍的方式，讓這三千哩的路途盡可能的痛苦和折磨？和你在旅程中相遇的人，是否因為遇到你而過得更好？在世上這麼多的選擇中，你是否選擇和那些對你友好以及能豐富你的旅途的人相處，還是你總是和那些將各式各樣的障礙難題都丟給你，或老是跟你說你的旅程比不上他們的重要，老是輕視你的人為伍。

換句話說，你將會從洛杉磯走到紐約。而且，你不會失敗。你總是會到達的，不論用什麼方法。所以，「害怕」失敗，事實上是表示你在害怕某件根本不會發生的事。

這裡有一個方法可以幫助你消除恐懼——專注於這趟旅程的品質。你可以應用一個簡單又實際的規則來確保這次人生旅途的品質，這個方式是每次我們離開「另一邊」來到人間時，神對我們（不曾記載）的保證：「如果你照顧我的孩子，我也會特別照顧你。」

這表示神會因此對那些令祂失望的人撤回祂的愛和關心嗎？當然不是。但反過來說，如果你一直忽視某人又老是將他（祂）從你身邊推開，你又如何能去感受他（祂）的愛？

認真看待我的話。由現在起三個月，每天抽出一段時間禱告，讓自己和神保持溝通和連繫。每天日行一善，和祂的孩子連結。很可能這兩樣加起來所需的時間還少過洗澡或刷牙的時間。三個月正好足以養成習慣，到時若一天不禱告，沒有日行一善，你就會覺得怪怪的不自在。就算看起來你似乎是出於自私的緣故而這麼做，也並不會對你不利。你這麼做是在向自己確定，確保「失敗」這個字不會再在你心中出現；你不需要擔心你是不是走在你人生藍圖的路徑上，也無需擔憂你是否可以抵達終點；你會的，你不會失敗。你真正需要確認的是：在這趟人生旅程，你是否願意真心付出關愛，並且不忘時時與你心中的神性保持連結。

你可以試著每個月一次，找個時間安靜的坐下，然後誠實的回答這些基本問題，了解自己在這次人間旅程的進展：

* 你是如何應付你在此人世中所面對的無可避免的負面事物？你是否努力去克服？當身邊的人需要你時，你是否可以不評斷，並且幫助他們？還是你一直就很負面，耽溺於負面情境，並／或藉著讓自己成為受害者而博取注意？
* 你是否使用，或濫用和浪費你被賜予的天賦才能？
* 你所接觸的生命是否因為你而更豐富？或是更貧乏？
* 當你令他人痛苦時，你能真誠的說你不是有意的嗎？
* 你的日常生活是否真實的反映了你的價值觀和信念？抑或你的價值觀只是用來比較和評價他人的一種雙重標準？
* 當你犯錯時，你是勇於承認並負起責任，盡己所能的改正致歉？或是你立刻找另

一個人來頂罪或怪罪他人？你是否能很快原諒別人，就像你希望你犯錯時，別人也能很快原諒你一樣？

＊不管你現在幾歲，你上次學習新事物是多久以前？

＊不論你的年齡多少，你是否每天都付出同樣的努力，維持你身、心、靈的健康？

＊你是否經常停下來聆聽，並感謝至高的智慧，與你在「另一邊」的靈魂幫手，他們從沒遺棄你，即使你在黑暗期遺棄了他們？

客戶們經常要我幫助他們的生活重回軌道，這表示讓他們的人生能夠和藍圖一致同步。我最喜歡的例子是潘，一位三十歲出頭的單親媽媽，她為了家計只好以脫衣舞孃為生。我對脫衣舞孃沒有任何反感，問題是，潘對此非常厭惡，她覺得這是個錯誤的選擇，她希望我能引導她到一個比較快樂的方向。答案非常清楚，「妳要寫童書。」我說。她很震驚。她喜歡小孩，但她從沒試過寫作，甚至想都沒想過。但我非常確定，因此她答應會試試看並告訴我結果。

六個月後她打電話來了。她已經寫了幾本童書，還沒有一本出版，但有個出版經紀人對她的作品感到興趣。故事的結尾是，他們兩人陷入愛河，正計畫結婚，她也早已不做脫衣舞孃了。

這個例子正好說明，當我們在尋找路徑回到人生藍圖時，生命就會出現你所預期不到的酬報。

我算命時最常被問到的問題之一就是——我這生的目標是什麼？由於生命是如此的複雜，人們通常傾向用更為複雜的答案來回答。但這裡有個最簡單的答案，可以回答每一個人，不論我們個人的人生藍圖為何。

愛神，愛自己

做好事，

然後閉嘴，回家。

成功

原諒我說得這麼坦白，但人們恐懼成功的主要原因是：他們害怕成功無法持續長久。這是為什麼有些人總固守著失敗不放；至少在你失敗時，你知道除了往上之外，你別無去處。

聽起來令人難過，但這是真的：成功讓我們害怕。如果你不相信我，問問自己，哪個對你比較容易——告訴某人某件幸運的事發生在你身上，還是不幸的事？而當你談論著你的好運時，你會不會敲敲桌面？或者擔心說了之後反而會不吉利？或是你發現你會為自己的好運氣感到不好意思，或突然在談話中插入一些不太好的小事來平衡你的好消息。

沒有人喜歡得意忘形的人，這是真的。但「得意忘形」和「分享喜悅」還是有差別的。所以下次當你想分享好消息時，請不要因此感到抱歉，或受到迷信的影響；你可以大聲的說出你的感謝，然後改變話題。如果在你周圍有人對你的成功不高興和／或因此憎恨你，記得和他們保持距離。如果你想維持的關係是當你成功在望時，想法子讓你感到愧疚，或只在你失敗時開心，那你就是在和你的敵人為友。

同樣的道理適用於那些立刻潑你冷水，或是觸你楣頭，「提醒」你好時光和成功不會永遠持續的人。這句話只有在你相信它時才是真的。如果你全心相信好消息後面總會跟著壞消息，或是成功之後，合理的下一步就是失敗，那你就會盡你最大的努力讓它成真；因為**心靈具有創造實相的力量**。所以要小心，不要搬石頭砸自己的腳。不要和自己過不去，不要和成功過不去，也不要讓別人這樣對待你。

談到成功，每個人對成功的定義也不盡相同。我個人並不相信成功和金錢、工作職稱位階、房子的大小、衣服的牌子、或與你開的車有關。我知道一些很成功的人，他們很富有卻都是不義之財，我也認識一些成功但名下沒有半毛錢的人。

成功是心靈層面的事。成功不在它處。如果你對自己的定義不是正直、行動主義者、有勇氣、有深度、具好奇心和熱愛靈性，那麼在你要真的稱自己為成功之前，還有許多需要努力的地方。有個評估你的進展的好方法，就是問你自己，你會是誰？如果你的事業、你的婚姻或愛情關係、你的存款、你的房子、你的車——你藉以定義自己的任何外在事物——明天都消失了，你會是誰？如果你不知道這個問題的答案，那你將只能藉由探索、滋養，和擴展你的靈性自我而找到。這個靈性自我就是答案。靈性就是你的身份。其他的只是化妝品和衣櫥。擁有一個快樂、健康、活躍的心靈，是你所能經驗到的最穩固踏實的安全感，因為它是任何人都拿不走的成功象徵。

還有另一個標準也可以幫助你衡量你真正的成功程度。有這麼一句話：種瓜得瓜，種豆得豆。如果你聽到這句話的反應是：「希望如此！」——恭喜你，你正在軌道上。假使你聽到後的反應是：「噢噢！」——如果我是你，我會開始努力扭轉我的作為。不管你曾經做過些什麼，都不會太遲。只要你還能繼續呼吸，永遠不嫌遲。

最後一點，可證明這些不是我編造出來的：

詢問任何你覺得在心靈上很快樂、富足、健康和活躍的人，問他們是否曾對成功感到恐懼？

他們根本不知道你在說些什麼。

背叛

提到這個主題我仍餘悸猶存。因為我有切身經驗，知道被所愛的人背叛是什麼感受。尤其當他發誓愛我，卻又同時幾乎把我毀滅。

然而在所有背叛形式中，最可怕的是自我的背叛。我們可以在許多方面違背自己，可以對自我發出的訊號視而不見，或讓自己被我所謂的「決定論」支配和影響。簡單的說，決定論就是讓他人決定有關你的事實，不管是否有證據支持那些所謂的「事實」。

舉例來說，在我成長期間，我的母親告訴我許多關於我的「事實」，其中之一就是我天生不適合作職業婦女；我唯一成功的指望是乖乖做個家庭主婦和母親。我當然喜歡做飯、烘焙、佈置居家環境和其他的家務，身為母親和祖母也是我生命中很大的喜悅。但想像我會是如何背叛了自己的靈魂——如果我接受，准許了她的「決定論」應用在我身上的話，這近五十年來我就不會是個和大眾接觸的靈媒了。

有一天我在電視上看到一位靈媒說他以算命「謀生」，我幾乎要把電視拆了。謀生？這是個榮耀！是來自神的禮物！若讓這個天賦無以發揮——即使是為了我認為值得且充實的家庭主婦和母親的角色——也仍然會是我對自我的最高背叛。

讓任何人，包括自己，獨斷的定義你應該是誰和你的限制，都是背叛自己。讓任何人，包括自己，虐待和鄙視你，或讓你懷疑自身的良善、優點和潛能，都是背叛自己。讓任何人，包括自己，與你的才華和夢想、以及你心裡的神性力量所帶來的喜悅分離，都是背叛自己。

這裡有一個簡單的練習可幫助你從容自在的養成注意自己的心思，並且拒絕自我背叛的習慣。每次當你聽到自己在說或想著「我總是想要……」時，將它寫下來。持續記載直到有五項為止，不管需要花幾個小時、幾天、或幾個禮拜累積。然後，撥出幾分鐘，安靜下來，一次一個項目，在每個項目下面，誠實的寫下自己「為什麼沒有這麼做的原因？」在那下面，再誠實的寫下另一個問題的答案，「我為什麼不現在就做？」你會立刻認出一個合理的原因和差勁的藉口之間的差別。隨著時間，你可以一直在紙上增加新的項目，記錄自己的念頭。這個練習會是個保持你和你的夢想及目標接觸，並且提醒你去追求、實現的好方法。追尋夢想可以從現在這個練習就開始，不需要等到老大徒傷悲。

只要努力、自律、對自己和上帝抱持信心，你就可以有能力避免和／或克服自我背叛的可能。

要克服被自己所愛和信任的人背叛的傷害，並不是件容易的事。我真希望我可以向你承諾，如果你夠聰明，或夠警覺，或夠小心，或是個好人，你就永遠不會被他人背叛。可惜事情不是這樣簡單。我只能保證，如果事情真發生在你身上，你有能力，你可以，你將會，你也必須生還——就算只是為了不讓背叛你的人因毀了你而更加得意。不幸的，好人總是最容易被背叛，這其實有個很合理的解釋——因為我們只用我們的雙眼看這個世界，並假設每一個人都像我們一樣思考；我們不會時時想到要提防別人的欺騙、謊言和暗算，特別是我們所愛，也口口聲聲說愛我們的人。

法藍欣多年前告訴我，所有的背叛都可以濃縮、歸結到兩個基本的動機——貪婪和虛榮。我試著和她爭論，想證明她是錯的；但當你真的好好去分析、探討每一件背叛的故事，你會發現她是對的。永遠是貪婪或虛榮，或兩者皆是。我們大多數的人，都絕不會將貪婪或虛榮置於愛之上。但是，就是有些人不是這樣的，虛華在他們眼裡比愛來得有價值。他們就是無法明瞭，當愛在最神聖的狀態下被表達和感受時，貪婪和虛榮就現出了它卑微、空洞，和短視的真正本質。我不知道你是怎樣，但當我嚥下最後一口氣，離開人世回到天國的家時，我知道我深深愛過也被愛，這會令我非常心安。我發覺，我很難想像自己躺在那裡想著：「好吧，我可能是孤單的，每個我曾關心的人大概都很恨我，但至少我是貪婪和虛華的。」會是怎樣的光景。

我想我不需要舉些背叛的例子，因為你可能早有過經驗。如果我的客戶有任何指標作用，這種事每天都在發生，發生在一些最和善最聰明的人身上。有人為了更年輕和／或更富有的選擇離開他們的配偶。貪婪和虛榮。最好的朋友在你背後洩露你的祕密，無可避免的破壞了你的名譽，或是欺騙、利用你得到權威消息，再來提升自己的聲勢。貪婪和虛榮。以下是我個人的經驗。已經疏遠的先生在我毫不知情下使用我的名字和聲譽，非法的聳動投資人投資一個所謂「不能錯過」的生意機會。貪婪和虛榮。（附帶一提，我已還清投資者的每一分錢）背叛的故事說都說不完。而且很顯然的，我必須很遺憾的說，在我們的生命過程中總會有難以避免的背叛。

從背叛中復原跟由失去親人摯愛的傷痛中復原類似。你會經過拒絕承認、哀傷、生氣、自憐、自責等階段。這些過程不能被避免，但在心裡你要記得一個重要的目標——感受這些情緒是為了將它們導離你的系統，並不是要你沉陷其中，或一直任由傷害的痛佔據心思而無法繼續人生。在經歷背叛後，生命仍要繼續。相信我的話，我是過來人。這裡有幾個小方法可以回答你對「背叛」的困惑，幫助你從傷痛中走出。這其中有些是我付出代價學到的課程。

＊對於「我怎麼會這麼容易受騙？這樣愚笨？瞎了眼？」的答案是：「因為你相信每個人的心都和你一樣。」但他們不是。就這麼簡單。不要灰心，仍舊有許多人和你一樣善良，只要你早點振作，重新出發，很快你就會發現他們了。

＊對於「如果他們愛我，怎麼能對我做出這樣的事？」的答案是：「他們的靈魂還有比你的靈魂更長的旅程要走，要不然他們也不會如此看低，輕視愛。」這是他們要學習的課程，他們在此生也許可以，也許不能完成，但去教導他們並不是你的工作。在他們沒準備好前，他們不會學到的。就像一個幼稚園的學生還沒準備好要學習原子物理學一樣。你需要好好的、誠實的看清楚，證據所顯示的他是怎樣的人，而不是盲從於你希望他是怎樣的人的想像；認知到是他靈性上的限制——不是你的靈性——導致背叛發生，然後就此放手。

＊俗話說：「事實勝於雄辯」，這話聽得太多，我們幾乎忘了認真思考它的重要和貼切性。當一個人的言行不一相互衝突時，不要管他怎麼說——他怎麼做才是真實的。聽見某人說愛你，卻又將刀刺進你的肩胛骨，並不表示「愛是肩胛骨之間的一把刀。」這表示，「這個人故意傷害我，這不是愛！」

當你被親近的人背叛時，幻想報復或者很好玩，但真的去行動卻是不必要的，你不用考慮作個復仇天使。我很喜歡一個東方的哲理：「如果你要復仇，最好先挖好兩個墳墓——一個為仇家，一個為你自己。」報復最大的問題是，它耗掉了你的時間、心思、和能量。當某人背叛你，讓你那麼痛苦時，你不覺得你已經投入了足夠的時間、心力和能量在他身上了嗎？當你試著報復，你其實是延長了這些過程，讓他得到更多的力量。聽清楚了：只要某人一直是你注意力的焦點，你就是在告訴他們，他們在你生命中的重要性和他們對你的力量和影響。畢竟，對人最大的侮辱不是怨恨，是冷漠。

讓我們也釐清有關寬恕這個議題。做為一個具有良好靈性的人，並不表示你必須要能原諒別人對你作的每件事或任何事。不要認為除非你得先寬恕了他人的背叛，你才能將之拋在腦後，繼續前行或找到平靜，請不要讓這種不合理的期望將你困滯。事實是，你可以繼續上路找到心靈的寧靜，方法則是在你對神或宇宙的祈禱中，加上一句「這個對我太艱鉅了，神，交給祢了。」

祂會的，你可以放心。同時，你將會忙著處理其他的事，因為你的生命中有太多更重要的事值得去作，你不需要再多浪費一分鐘在辜負了你的人身上。

寂寞

害怕寂寞的人總不太相信我對寂寞的說法，但它確是實情；而不覺得寂寞是問題的人，則會支持我說的：

治療寂寞的藥方絕對和另一個人無關。寂寞的藥方在你的內心。

所以，你為什麼還要去害怕一件你可以控制的事呢？

不要混淆了「單獨」和「寂寞」這兩件字。你可以獨自一個人但絲毫不感覺寂寞隱隱作痛，你也可以在滿是人群的房裡被寂寞刺痛心靈。對於想探究自我靈性的客戶們，通常我會先問他們一個問題「你能自己一個人獨處嗎？」如果不行，這就是我們首先要努力的方向，因為有獨處的能力表示你知道並且喜歡「你是誰」，你不需由別人的眼裡來看自己或認同自己。只有以一個完整的人的身份進入靈性的門檻，你才能完全接收靈性所帶給你的喜悅、愛、祥和，以及力量。

習慣性的寂寞表示在你的靈魂有那麼一處空白，這空白，除了你之外，沒有人可以填滿。然而這並不意味我們永遠不會寂寞或不該感到寂寞，不表示我們不會想念所愛的人、熟悉的聲音、來自朋友和親人的歡笑，以及建設性或有趣的看法。我的意思是：會週期性發作，滲透蔓延的寂寞感，表示你還沒有發現你是個多麼有趣、具有洞察力和創意的靈魂。而且不管其他人知不知道，你都具有這些特質；這些全都是你。

有兩個很重要的理由讓我們必須正視並克服害怕寂寞的心態，姑且不論寂寞可導致沮喪、焦慮和身體的疾病。

第一，如果你讓別人定義你是誰，使自己的意義依賴他人存在，你等於將自我置於一個可怕的「挨打」的位置。假使當你打電話給那些你依賴的人來確立你的個性角色時，他們都正好在忙而不在家呢？難道你就停止存在直到他們回家嗎？或者他們正巧心情不好，毫無理由的對你發作呢？這難道表示在他們改變情緒前，你是毫無價值的？然而你認識多少人是你覺得可以信任依靠？或是誰的見解總是比你正確明智？

第二，如果你覺得只要身邊有人，就可以很容易打發寂寞，那你可能需要加強判斷和識別的能力。我一想到就會起雞皮疙瘩——為了不寂寞，我們需要忍受怎樣的人在身邊？這麼看吧——如果你並不真正了解和喜歡自己，這表示每一次當你獨自一人時，你其實是在跟一個你並不怎麼喜歡的陌生人在一起。為了逃避寂寞而和其他更多你不了解和不喜歡的人相處，只是讓事情變得更複雜。所以為什麼不先學習和自己做朋友呢？

在學習和自己做朋友的過程中，你會發現有趣的反諷。你愈是享受於獨處，就會有愈多的人想和你作伴相處。抱怨自己有多寂寞和沮喪，等於在為自己是個枯燥無聊的同伴做形象廣告，這麼做不太可能會吸引到一群朋友。當事實很明顯的顯示，你可以自己一個人舒適的、自得其樂的獨處時，人們從你這邊接收到的訊息是：你可能是個好玩有趣的人，值得「一探究竟」；他們反而會因此被你吸引。

寂寞的你需要的只是有人輕輕把你推向正確的方向，同時提醒你，和自己做朋友比交其他的朋友來得容易和省錢。因為你不需要和任何人協調時間，也不需增加應酬開支。

每天，在你洗澡時，或在上班的途中，或準備晚飯時，任何當你獨自一人做些不太花腦筋的瑣事時，問你自己五個你可能會詢問你想認識的人的一般問題。任何主題都可以。唯一的規則是，要誠實！我們不在意別人怎麼看，了解嗎？這是關於你，關於自己。如果有些問題的答案是「我不知道。」繼續想下去，直到你知道為止。這是整個練習的重點——幫助你自己認知到，你不單有自己的想法和見解，你的看法和任何人一樣有趣和有價值。學習欣賞自己，學習愛自己。

以下是一些例子，你可以由此開始，一天五個問題，直到它成為你喜歡的習慣：

＊你對死刑的看法？為什麼？

＊你最喜歡的藝術家？（如果是「不知道」，一定有美術館或畫廊，或有線頻道介紹的藝術類節目可以參考。如果答案是「我討厭藝術」，你是否已經接觸過足夠多元和廣泛的藝術類別，才下此結論？）

＊在過去半年裡，你看過最好看的一本書？你為什麼喜歡？你是否看過同一位作者寫的書，或是其他相同主題的書？如果沒有，今天或許是個去書店或圖書館的好日子。

＊你最喜歡的三個電視節目。為什麼？你有沒有朋友也喜歡同樣的節目？為什麼不輪流到對方家吃個便飯，一起看喜歡的節目，一起分享？

＊你喜歡饒舌音樂嗎？（如果是「我很討厭」你是否有試著聽過，或你只是對你一無所知的事下結論？）

＊如果你可以去地球上任何一個地方渡假，你會去哪裡？為什麼？你有研究或搜集那裡的資料嗎？如果你不懂當地的語言，為防萬一，你會買或租些語言錄音帶來學幾句基本的會話和字彙嗎？

＊你認為麥田圈是怎麼形成的？

＊有沒有任何你想學習的運動？

＊舉三件你最在行的事。

＊三件你特別喜歡做的事？

* 你最近一次做你喜歡的事是什麼時候？
* 你最崇拜哪位歷史人物？為什麼？
* 你最喜歡的喜劇演員？
* 你喜歡歌劇嗎？（如果是「我不喜歡」你曾經聽過嗎？）
* 你喜歡泰國菜嗎？（如果是「不喜歡」，你曾吃過嗎？）
* 你對上帝有些什麼問題嗎？你有試著去尋找答案嗎？
* 你是什麼星座？你相信占星學嗎？

你大概知道怎麼進行了吧！沒有什麼題目是太大、太難或太小，沒有什麼答案是錯誤的，只要它們是你的答案。每天問自己五個問題，每一天。藉此你不但能了解自己，如果你一直持續下去，你就會和自己成為很好的朋友，並且享受自我的陪伴。到了那一天，你有我的保證，你將再也不會害怕寂寞了。

疾病

我們在「心靈處方」這章中，深度討論過這個題目。但這裡有一個關於恐懼疾病的重點。憂慮會使潛在的疾病惡化，它會加深身體正對抗的不健康壓力和焦躁，使得疾病更為加劇。

疾病是生命經驗中很自然的一部分，我們在來到人世前就將它包括在藍圖裡。就像其他負面事物被寫入我們的藍圖一樣，藉由疾病的挑戰，我們學習克服它們，在肉體和精神兩方面。我們不沉浸其中，因其困頓，或認為它們是我們身份的一部分。

我相信你一定遇過一些人，用一種很負面的方式介紹自己。「嗨，我是蘇西。抱歉，我很虛弱，我才因盲腸開刀。」、「我是約翰。你大概注意到我握起手來不夠有力，因為我有腕骨併發症」，然後你很想回他們一句「我又沒問！」或是「我根本沒注意到！」。在加州曾有個人極力爭取汽車牌照上面寫著「愛滋病帶原者」，這個新聞還喧騰一時。表面上看來，這好似跟個人品味有關，但真正的問題是：你愈是將某種疾病或身體上的病痛當成你的一部分來介紹或聲明，你愈會和它糾纏不清，因為我們從不會情願喪失任何我們將之織入身份認同的素材。

請不要誤會——我並不是說你不該正視或認真看待你的疾病和健康問題。你應該聽取所能找到的最好的醫生所給的建議，定期做身體檢查，多吸收健康新知，吃得健康，做適當的運動，傾聽身體給你的信號。但你要用正確的眼光來看待健康這個議題。「你」不是你的身體，就像「你」不等於你的車，不等於你住的房子一樣。你能想像用下面的句子介紹自己嗎？「嗨，我是車子蘇西，我的冷卻器的燈在閃。」或「我的煞車有點問題。」；或是「你好！我是房子約翰，我需要一個新屋頂。」或「我需要重新粉刷。」

恐懼疾病或將它當成日常生活的話題就跟下面這句話一樣：「在接下來的五分鐘內，不要想到大象。」然後你會發現，你這輩子想到大象的時間可能都不會有這五分鐘多。記得，任何你聽到的事——包括你自己說的——都在你心上留下痕跡，也會影響著你。所以一再強化、重複每一件事，從「我覺得不舒服。」到「我這裡痛或那裡痛。」到「你知道我的，只要有感冒流行，我一定逃不過。」等於一次又一次告訴你的心智，提醒你的身體，每次聽到時都要表現得像是生病一樣。即使試著用正面的方式重複，「我拒絕生病，我拒絕生病，我拒絕生病！」也會將生病這個字持續送入你的腦、你的心，和你的身體。

不如將這句話改為「我會健康，我會健康，我會健康！」然後你的心和身體保證會幫你做到。

這裡有個練習可以很快幫助你熬過一些緊急的時刻。這也是一個很好的方法用來提醒自己，「你」和你的身體是兩個分離的事物。我最近才使用過，在一次飛行途中，我的牙齒痛到不行，如果不是因為這個練習，我可能早就劫機到最近的牙醫診所或付錢給空服員請他們殺了我算了。多虧了它，我沒有造成任何國際意外事件。

當肉體承受痛苦或受到疾病襲擊時，不要緊握拳頭，不要咬緊牙關！放輕鬆，深呼吸。放輕鬆，深呼吸。放輕鬆，深呼吸。請神以聖靈的白光保護你，直到你想像你已完全被白色的光芒籠罩。

然後，在你心裡，慢慢將燦爛的白色光芒轉換成溫暖，有療癒效果的綠光。一旦你被這個綠光圍繞，在你的心中，將痛苦或疾病成形為一個火球，讓這個火球飄浮出你的身體，飄到一個距你幾呎的鉛盒中。

當火球一進入這個鉛製的盒子，盒子會立刻緊密的封上，然後點燃連接這個盒子的引線，將鉛盒內的病痛一「轟」而散。這個鉛盒會保護你和你周圍的人。藉由將你的痛苦或病痛具體化的呈現再引爆，你因為對病痛採取了行動而不再受它宰制。

不要誤會我的意思：牙痛仍然存在，而且降落後我立刻從機場飛奔去診所，我這輩子還從沒那麼開心的見到我的牙醫過。但我保證，如果不是那個練習，我可能早已經疼得昏厥過去了。

再次的，在第四章中有許多探討疾病的地方。你看得愈多，愈會確信你對於疾病的控制超過你所以為的。其實這是很簡單的邏輯：我們對於能控制的事情不會感到害怕。

老化

就像我們可以拒絕和疾病認同一樣，我們也可以拒絕認同老化。約翰葛林（John

Glenn，譯註：史上最老的太空人。他在一九六二年成為美國第一位環繞地球的太空人，三十六年後的一九九八年以七十七歲高齡重返太空），貝蒂福特（Betty Ford，前美國第一夫人，著名的貝蒂福特（戒毒）中心創辦者，致力女權提升，殘障兒童的福利和藝術等活動），華特寬凱（Walter Cronkite，美國新聞界元老，哥倫比亞廣播公司資深主播及評論家，被稱為美國最值得信賴的人，退休後熱衷於科學和太空研究），他們的年紀都已七、八十歲以上，但仍有著活躍的社會角色，和其他無數隱於角落的長者一樣，他們都是拒絕服老的代表。他們證明了心靈可以不受年齡的限制。

有一次我問法藍欣，人為什麼會變老？為什麼我們不選擇一個愉悅的，有活力的年紀——舉例來說，三十歲——然後一直停在那個年紀直到死去？我永遠不會忘記她的答案：「那些將老年寫入人生藍圖的人這麼做，是因為老化會使你疲倦，讓你想要回家。」我現在六十二歲，生命的沙漏繼續流灑，我已經開始了解她的意思。

但我還沒疲憊，也還沒準備好要離開人世。我仍然有許多事要做，還要享受含飴弄孫的樂趣。但是如果我今天離開了，我也能很誠實的說，我沒有任何怨尤的回老家了。讓這趟人間旅途有趣、豐富，充實的渡過每一天，是我所知道挑戰年華老去的恐懼的最好方法之一。如果你將每一天都當做是你在世上的最後一天，就可以避免年老時心中充滿悔恨。

年老其實有些好處，是我很喜歡的，只是從沒有人早點告訴我。舉例來說，當我還在青少年時期，我很喜歡跳舞，經常跳到清晨二、三點才回家。當時的我認為，跳舞，就像是氧氣在生命中不可或缺一樣。那時我的祖母已經八十多歲了，每當我才剛開始傷腦筋晚上要穿什麼衣服時，她早已睡得香甜。我總為她婉惜。可憐的祖母，她一定很想要出去跳舞，畢竟誰不愛呢？但是她從沒有過，很明顯是因為她太老，跳不動了。我當時想，老年真是件折磨人和不公平的事。

隨著年歲增長，我發現了另一個可能的原因，解釋祖母為什麼沒有「追趕跑跳碰」到老——很簡單，因為她不感興趣。即使現在，我比當年的她還年輕二十歲，我很確定我的體力還是很好，仍然可以跳得很起勁。但是，要我現在在半夜二、三點待在喧囂狂鬧的舞池裡？就像祖母一樣，我並不是老了，我只是很單純的——不想。因為我有其他的興趣和喜好可以讓我振奮。

這在心靈上不是件很快樂很棒的事嗎？我們真的隨著年齡的增長而成熟且更有深度。這不是很棒嗎？當我們五歲大時，覺得躲迷藏是最好玩的遊戲，可是當三十歲時，我們並不會找朋友在星期六的晚上來家裡玩躲貓貓。當年歲增長，也再也不會有人說我們太年輕，不懂得愛是什麼。我們也慢慢、不可避免的認知到：不論旁人怎麼想你，都比不上你對你自己的看法算數。你不覺得這是件值得稱讚的事嗎？年老可以為我們帶來智慧和視野的增長，而不是衰頹。

「老」也像種豁免權，為我們不想做的事提供了很棒，旁人沒得爭論的「藉口」。我曾經非常努力，要向全世界證明我是個稱職的好母親。可是身為一個祖母，當我不想每次都陪兒孫輩玩高空彈跳或乘駕滑翔翼時，我可以簡單用句「謝謝，但我不是個小孩了。」就輕易的脫身。

我對於使用某些字眼非常小心。你絕不會聽到我說：「我太老了。」或「像我這種年齡?!」好似我的年紀是種限制或需要感到抱歉的事。我為我的年齡驕傲。我不愧對每一分鐘，每一天和每一年，我還會繼續如此，直到離開人間回到「另一邊」的家為止。你陳述自己的方式確實可以影響你對自身年齡或體力的感受。如果你對這樣的說法覺得難以置信，沒有關係，只要試上短短三個月，挑一個你喜歡的年齡做個小試驗，讓自己真的覺得那就是你現在的年紀。不管一開始你是否認真，你都會發現，它確實為你的生活帶來有趣的變化，你很可能發現自己正熱切期望著每一天的開始。

很明顯的，人們之所以恐懼老化的部分原因，是因為隨著時間我們的身體會產生一些機能上的障礙，而沒有任何一個人會喜歡這種沒有力量、無能的感覺。但年老是另一個好理由提醒我們，「我們」並不等同我們的身體。我們是來過人間很多很多次的靈魂，撰寫了現在正在經歷的生命藍圖，而藍圖就代表了在「另一邊」有等候我們的永恆生命的神聖承諾。

至於我們藉以完成人世旅程的身體——是的，就像車子，當哩程愈開愈多時，就需要更多的維修。如果你認識我，你會知道我並不反對做些符合時下流行顏色的「烤漆」或「板金」。老實說，如果我意識到自己需要略為「整修」，我並不會抗拒，因為這會比拒絕用任何東西掩飾來得較不辛苦，看起來也會年輕些。因此，只要社會還沒開始硬性規定怎樣的年齡該配合怎樣的髮色、指甲油顏色和梳妝，或是通過五十歲以上的人不能整型的法律前，我都會堅持我是「維修中」。

死別

如果你曾有過所愛的人過世的經驗，你就會知道這有多難受和痛苦。雖然我很確信在「另一邊」生命會繼續，但我仍然會感到哀傷。我的哀痛並不是為了回到「另一邊」的靈魂，而是為我自己與他們因不同的次元而分離。

哀傷是很折磨人的情緒，它像是心靈陷在黑暗幽谷裡，令人空虛、麻木、憤怒。哀傷也是個非常深刻的個人過程，需要一定的時間經歷和釋放。因此我在此提醒你，如果你想幫助某個正在哀傷的人，請記得，「應該」這個字對他們是沒有任何意義的——告訴他們「應該」如何感受，「應該」怎麼作，「應該」多久復原，何時「應該」開始與人群接觸，恢復社交生活，這些對他們都不具意義。

我了解當你看到心愛的人因哀傷而失去生活方向時，你會有想為他舒緩痛苦的衝動，然而存在於此核心的是有關人類本性的事實——目睹他人哀傷是痛苦、不好受的事，而我們的努力通常是為了讓自己好過的成份多過為了他們。對一個你所愛而正承受哀傷的人，你所能提供的最大幫助就是——尊重他們，陪伴他們，讓他們在這一路上有所支撐和依靠，直到他們自己準備好走出傷痛，重新出發。

如果在哀傷尚未完全表達、宣洩和經歷完整前便要強制結束，對健康會造成負面的影響。很多很多年前我曾經這麼做過。我決定我是個非常堅強的人，不會被傷害打倒和摧毀，所以我收拾起內心的痛苦，用工作及其他瑣事將時間排得滿滿的，我刻意壓制哀痛，用忙碌來麻痺自己，為此我也付出了代價——腎臟嚴重發炎。就像其他強烈的情緒一樣，哀傷的能量一定要有出處，如果它沒有被完整的面對處理，沒有從身體釋放，基本上你可以相信，它一定會向你索取些代價，只是遲早和方式的問題。所以對哀傷要耐心以對，對自己和周圍正承受哀傷的人都是如此。

我還記得當我父親去世的那天，我駕車離開醫院，看著街上的行人，我心想，他們怎麼能若無其事的正常活動，好像沒事發生，但我的世界卻完全崩塌了。我記得在回家的路上，我在商店像個植物人一樣失神的晃來晃去，直到一個陌生人攔住我，用一種略帶愚蠢的口氣（但應是出於好意），大聲的說：「嘿，開心點！」那一剎那，我實在很想用手推車將他輾過，但現場有太多人證。

其實，我的憤怒是不合理的，他怎麼可能會知道我當時的心情，我所承受的痛？因此我深深覺得我們應該恢復戴孝的習慣，讓旁人得以辨識出我們正在經歷一段特別哀痛的時期，因而給予服喪者應有的空間、尊嚴，和應享有的特別關切或考量。

親人逝世的痛苦的確令人難以承受，但只要我們愈了解此事在靈魂層面的意義，我們愈能得到心靈的平靜，愈能接受事實，也不會怪罪上帝為什麼要奪走我們所愛的人。當我們說：「神把他們帶走了。」聽起來神好像是獨裁又自私，尤其當離開的是個小孩時。但事情不是這樣的。即使最小的嬰兒，他的身體內居住的仍是不老的靈魂，這些靈魂在來到人世前都有人生藍圖，而藍圖也包括了他們的死亡。他們之所以做這樣的選擇和原因是我們無法了解的。我們能做的，就是單純的尊重他們的選擇，不論結果在我們眼中看來是多麼殘酷和不公平。神並沒有違反我們的意願，奪走我們或任何我們所愛的人的生命。祂幫助我們計畫並實施生命藍圖，且陪伴、保護我們的靈魂一路平安。

我有許多客戶因為害怕要面對失去所愛的痛苦，因此為了保護自己，他們避免對所愛的人在情緒上過於投入和親密，因而剝奪了彼此間所能享有的心靈上的親密喜悅。然而當親愛的人往生，他們不但沒能避免痛苦，反而還要面對自己對逝去時光的追悔和愧疚感的折磨。這有點像是因為害怕地震就一直站在門邊，或害怕龍捲風，就一直躲在地下室的角落一樣。被恐懼挾持的生活——即使是害怕失去所愛這種巨大的痛苦——已讓你的生命失去了所應享有的平安、自由、愛和溫暖。

在我的客戶中，有一個特別令我感慨的例子。他叫柏尼，因為結褵三十二年的太太去世而悲痛不已。雖然他深愛她，但在她生前他總是刻意在情感上保持一點點距離，他也從沒有告訴她，他有多愛她。因為這點情感上的保留，讓柏尼在妻子死後，心裡更是痛苦。在算命的過程中，我發現了原因。當柏尼還是個孩子時，有一天他對他母親說他很愛她。三天後，他的母親非常突然的過世。自此在他潛意識中，他覺得告訴某人你愛他，這個人就會消失。因此在柏尼的婚姻裡，他有意無意的剝奪了他與妻子之間的親密感，諷刺的是，理由卻出於他很愛她。雖然柏尼在她妻子生前沒能親口對她說出他的感受，然而，有個關於靈界的好消息是，想要告訴逝去的摯愛任何心中的話，永遠不會太遲。柏尼雖對此有些懷疑，仍決定試一試。一週後他說他做了一個夢，夢見他死去的太太（他太太在夢境中來探視他）。柏尼向她表達他的深情並謝謝她帶給他的快樂和喜悅。在「夢」裡，她說她從沒懷疑過他對她的愛，這個所謂的「夢」讓柏尼的心靈重獲平靜。

已逝的摯愛親友仍活在我們的記憶和心中，是件令人安慰的事。但我發現更讓人欣慰的是，對那些觸動我們生命的人，我們其實「傳承」了他們最受喜愛的品質。我們都是採集者，對於周遭的人事物，我們向來都有吸納最好，排拒最差的特性。因此我們不光是緬懷他們而已，我們的生活就是對他們讚美的見證，他們離開後所留下的虛空因而被填滿——只要我們注意到他們的精神其實還繼續活著，而且在許多方面都成了我們的一部分。我每天的生活都因父親的幽默感，祖母的智慧和她與兒孫的親密，以及我已逝友人們的慷慨、同情心、不凡的見解、勇氣和笑聲而提升。至於那些有瑕疵的靈魂，也同樣有所助益。舉例來說，如果我可以稱得上是個好媽媽，絕大多數是因為我針對我母親的行為來作逆向思考。我想像她在某情況下會怎麼做，我就反其道而行。當我們將自己當成馬賽克磚，拼貼著自己和逝者的耀眼色彩，結合成更進化的整體時，我們會理解到：其實我們從不曾「失去」過任何人。

不論如何分析失親之痛，事實依舊存在——我們避免不了在人生中終要面臨的死別。然而，我們可以藉由以下幾件事，先準備好自己，好讓我們面對死別時能更堅強。

首先是和你愛的人維持一種活在「當下」的關係，盡可能不要製造任何遺憾。這麼做不是為了他們，而是為你自己。對我們愛的人而言，一旦他們到了「另一邊」，就沒有什麼所謂的未竟事宜。後悔、怨恨、憤怒、和負面情緒，在他們「回家」後就不存在了。每當我聽到客戶說：「他知道我有多愛他嗎？」或是「那次的爭吵實在很愚蠢，我一直很想向他道歉，但沒想到來不及了。」或「我很怕他還在生我的氣。」時，我的心跟他們一樣難過。請不要這樣對待自己！在今天就表達你的愛，和對方和解，讓自己心安，當你們都還在同樣的次元時，一起感受愛以及活在當下的價值。

我們能做的第二件事就是發展我們的靈性，並和靈性維持密切關係，讓居住在心中的神性活躍、有生氣。我們愈注重靈性生活並感受到神的愛與智慧，我們就愈容易記起深藏在靈魂深處的真理，即使是最殘酷、最難以忍受的失去，都只是暫時的。當我們試著從失去所愛的悲痛中復原時，雖然痛苦看來像是沒有盡頭，但在永恆的眼中，這苦痛就像眨眼般迅速，很快的，我們都會回到「另一邊」快樂的團聚。

死亡

我知道我們的靈魂不會死亡。你也知道我們的靈魂不會死亡。幾乎所有地球上的宗教都知道靈魂超越死亡而繼續存在。但人們卻最懼怕死亡。怕什麼？怕被毀滅；害怕當我們死時，我們就停止了存在。這不是很愚蠢嗎？

這到底是怎麼回事？我們覺得別人的靈魂會超越死亡，就我們的不會？就好像聖經上有這麼說過：「信祂的人不會被毀滅，將得永生——除了你，你只有五分鐘，然後就玩完了！」這不是很好笑嗎？因為宇宙根本沒有靈魂被毀滅的事。我們可以將這個想法拋在腦後了。

我們也好像相信死亡是，就定義而言，一個可怕嚇人的痛苦經驗，好像它憑字面就可殺了我們。但我從上千次回溯催眠的經驗中學到了些有趣的事。每一位我所催眠的人對於前世死亡經驗的受創程度，似乎都不及這輩子投胎的經驗。如果你覺得我這樣說只是在安慰你，不妨想像一下生產的過程。前一分鐘你還在黑暗、安全、溫暖的母體，睡著、吃著、做你自己的事。下一分鐘你被硬擠壓出這個小空間，被一雙冰冷的手（或鐵）猛拉到刺眼的亮光下，一個滿是陌生人的房裡。嘈雜的聲音，陌生臉孔直盯著你看，直到有人拍打了你一下，剪斷了你攝取食物的臍帶。這一切你都經歷過，要不然你現在也不會在這裡。然而根據有瀕臨死亡經驗的人所說的，那一刻他們感受到的是溫暖和充滿愛的光芒。相形之下，出生經驗不是可怕多了嗎？

人們也總會無謂的擔憂會「怎麼死」。關於這點，我們來此之前便已做過計畫。在藍圖裡，我們註記了五個生命「出口」——五次不同的機會離開這次的生命，然後回家。用個簡單的比喻：你決定離開你心愛的家去經歷一次具有教育性的野外考察。你並不確定要花多久的時間完成你在這趟旅行想要完成的目標，但你知道，你被保證在完成任務後，一定可以回到家，要不你就不會踏上出發的旅程。在你離開家前，你事先安排了五個回家的機會，分佈在旅程中不同的階段——比如說，一週後的機位；一年後的火車票；五年後的巴士；十二年後的租車；二十五年後的遊輪訂位。你承諾自己，不論有多想家，除非完成了你預定的目標，你會一直走下去。如果你只花了一個禮拜完成，你就會坐上飛機回家。如果花了你十二年，你會跳上那輛租來的車子等等。換句話說，這五個出口只是你在出發前為自己預先保留的回家的交通工具，由你來決定選擇那一種工具回家，而這一切都看你何時覺得你已經學到所需要的課程，完成此生的目標了。

有些生命出口很明顯。譬如一次嚴重的意外，一場重病，甚至一次驚險卻避掉的車禍，或是從樓上摔下，差點撞上尖銳的物品而保住一命。也有些出口可能細微到你無法認出——開車時「突然」轉錯彎或下錯交流道；最後一分鐘改變或取消班機；有些雞毛蒜皮的芝麻小事就是在你正要出門時將你絆住。不管你是否察覺到你的生命出口之一，已經悄悄來了又走，這就是生命和上帝神奇的一部分，這個世上真的沒有所謂的「意外」。

我有位親近的朋友在一次嚴重的機車意外後，希望我將他催眠，帶他回到事故發生的當時，因為他一點也沒有印象事情到底是怎麼發生的。在催眠下，他記起了兩件令人迷惑又離奇的細節。一個是當時他是在完全清楚的意識狀態下「選擇」將機車騎離馬路向堤防撞去，這個「奇怪」的舉動卻讓他避免了原本可能會被對面一輛超速大卡車迎面撞來的死亡車禍。另一件事是當他在救護車上逐漸恢復意識時，聽到有個聲音（結果是他的指導靈）在他耳邊輕聲說：「這是第四個。」

如果你在回想後，發覺你已經過了四次生命出口，現在該面臨第五次，也是最後一次時，請不要緊張，也不要發抖。在計畫藍圖時，你並不是將它們出現的時間「平均」分配在整個歷程。從一個出口到下一個出口的時間，很可能間隔十年以上。我第三和第四個出口都發生在同一年，那已是二十年前了，而我的指導靈告訴我，第五個現在連影子都還看不到呢！

法藍欣同時也指出，不論你選擇在那一次出口離開，你同樣也選擇你要捉住生命的「繩索」多久。有沒有藉助生命維持器或其他「英勇的行動」（尊嚴的離開）、何時帶著上帝的祝福，釋放自己回到安寧和喜悅的「另一邊」的家團聚，這些都完全是自己的決定。但是在人間的我們已被制約成要為所愛的人緊捉住生命的繩索不放，因為他們無法接受我們的離去。如果有那麼一天，你能告訴你愛的人，他們的時間已到，可以安心的放手離開，朝向前方的光回家，這將會是非常偉大和無私的仁慈舉動。

我還想強調另一個重點——自殺並不是生命潛在出口的選項，除了少數的例外。自殺，絕大多數的時候是我們和自己的毀約，破壞了自己和上帝及藍圖的約定。但這並不表示上帝會將自殺者打入地獄。沒有這種事，上帝也永遠不會這麼做。然而，如你在「黑暗界」那章所看到的，對多數自殺的人來說，所需承受的長期後果可以持續好幾世，比起所獲的短暫、剎那的解脫，是非常不值得的。

我打賭你以為我接下來會告訴你，不要害怕死亡，因為它是種「自然的過渡」；而通過死亡，你將會到達一個「更好的地方」。

這兩個理由聽起來雖然是陳腔濫調，但也都是真的，只是它們已被過度使用到一個不太能安慰我的程度了。我也必須假設，你也聽煩了同樣的說法。我因為有和靈界直接溝通的優勢，所以你不見得一定要接受我知道的說法：死亡是既奇妙又複雜的一步，它通往永恆的生命，帶引我們和「另一邊」的家盛大快樂的團聚。但你可以聽聽那些逝去的人透過我所說的話，他們急切的希望你們知道，他們在上帝的神聖白光下，比在塵世時更快樂、更健康、更有活力。

知識就是力量。不論是什麼讓你感到害怕，不管它是否包括在這一章——請不要逃避，請用知識武裝自己，然後昂首面對你的恐懼。在耀眼眩目的光芒下，沒有什麼會看起來那麼可怕。能不能面對並克服恐懼，決定了你的人生是充份活出自我，還是終日躲藏在陽光照射不到的黑暗下。

附錄：肯定法

禱告是我們與神的接觸，我們每個人都是祂的一部分。肯定法，則是我們和內在的神的接觸，因為祂也是我們每個人的一部分。養成每天祈禱和使用肯定法的習慣可以為我們在生活中創造奇蹟。

肯定法強化了我們與生俱有的內在神聖要素——尊嚴、自重、希望、悲憫、平靜，以及至高力量的親密感。這種至高的神性力量，一直回應著我們內心深處的靈性，只等待被聽到。

文學中有許多美麗的肯定詞或短文，從聖經、可蘭經、猶太法典，到佛教大師的著作、詩，到任何你曾經讀過或寫過能引燃你靈魂內的聖靈真理。我在這裡列出的幾個是我在每天不論什麼時候，只要能找到獨處的時間，我便會使用的肯定詞——淋浴時、車上、睡前……任何時間，不論多短暫，只要是我一個人的時候。

使用肯定法對我而言，就跟每天刷牙的習慣一樣。我向你保證，它是你不需花一毛錢就可以帶來喜樂和健康的好癮頭。

「神給予了我力量和堅忍剛毅，讓我今天活在愛、和平，和喜悅中。聖靈的白光保護著我，我不被周圍的負面侵擾。」

「我想像自己和我所愛的人被籠罩在充滿神的完美的白色泡泡裡。我甚至也使用這光明的氣泡籠罩我的敵人，因此神可以卸除並溶解分隔我們的負面與黑暗。」

「今天我請我身體每一個細胞回到我感覺最健康、最有活力的年齡。疾病對我毫無效用，因為我知道我的心智比身體強壯。」

「今天我朝著我想成為的人更進一步。藉由列出所有我不想，而我也不是的事項，我確認並慶祝我所是的每件美好的事，並繼續邁向靈性的完美。」

「今天我藉著神的強大力量，聲稱我值得享有富裕、豐足和舒適的生活，我也會喜悅的和比我不幸的人分享我的富足。」

「今天我會散發美麗和光明的靈光給環繞身邊的人，明亮的橘光從我胸前中央散發，讓人們感到被愛和受到祝福。」

「今天我想像一朵白色的雲駐足在我的頭頂上方，我將對自己和親愛的人的最深、最珍貴的意願寄予這白色雲朵。我請上帝讓這朵白雲慢慢下降，直到它包圍我，並成為我的一部分。」

「今天我會傾聽、關注我在人世的工具──我的身體。我不會忽視需要任何專業診療的病痛和疾病。但對於那些週期性或輕微的病和痛，我會將它們壓縮，凝結成一團火球，從我的身體釋出，將它鎖緊在厚鉛製的保險櫃，然後爆破為無害無力量的蒸氣。」

「我今天會為自己找出安靜的時間，寫封信給宇宙，寄給上帝。告訴祂我所有的夢想，我的心痛，我的陋習，和我的喜悅。我會找一個安全的地方將它燒掉，相信火的能量會將我的話帶到它神聖的目的地。」

「今天在每一個新的小時的開始，我會提醒我是年輕，充滿生命力的，我可以實現所有目標，我具有美麗的心與靈。」

「我確定今天，我的智力和情緒會堅固合而為一，形成完美的通道，藉此上帝的訊息和能量能流通並治療我和我所愛的人。」

「今天我會感到一陣能量的電流，我會遵循我的人生藍圖並完成我的靈魂目的。」

「我來自神。我是神的一部分，神也是我的一部分。所以我不可能衰微。我是強壯，我是被愛的，也有愛在心中，因為我每天都依神的偉大計畫生活。」

「今天當我面臨哀傷的時候，我不會埋葬它。相反的，我會認可它。藉由我的認可，我請神幫助我，讓我從祂神聖的計畫和照護中汲取力量，並讓祂的天使圍繞我，我知道我將會和我愛的人在另一邊喜悅的相聚並同享永恆。」

「今天我不將只是看到我四周的人。我會看到在他們心裡的神聖靈魂，我會毫無成見的愛他們，因為我知道我們都是神的孩子。我確定我最偉大的目標不是期望愛，而是不求回報的給予愛。」

「我今天會全心全意的愛自己，充滿榮耀和驕傲。因為我的靈魂和我的精神來自上帝，我珍愛自己，不讓任何人用任何方式毀損或中傷我。」

連續九個晚上，每天在九點的時候，點燃一根蠟燭，重複下列肯定語：

「我是受到祝福、受到眷顧的神的孩子。我很健康。我很快樂。偉大的富足正在來臨，因為身為神的子女，我被給予力量去創造奇蹟。」

如果你希望知道更多有關蘇菲亞・布朗的資訊，可以寫信到或打電話到：

Sylvia Browne Corporation
35 Dillon Avenue
Campbell,California 95008-3001
(408)379-7070
或拜訪她的網站
http:/www.Sylvia.org